U0494336

詹天佑传

梁新宇 编著

国文出版社
·北京·

图书在版编目（CIP）数据

詹天佑传 / 梁新宇编著. -- 北京 ：国文出版社，2025. -- ISBN 978-7-5125-1832-2

Ⅰ. K826.16

中国国家版本馆CIP数据核字第2024T46V38号

詹天佑传

编　　著	梁新宇
责任编辑	罗敬夫
统筹监制	杨　智
责任校对	周　琼
出版发行	国文出版社
经　　销	国文润华文化传媒（北京）有限责任公司
印　　刷	文畅阁印刷有限公司
开　　本	880毫米×1230毫米　　32开
	6.5印张　　119千字
版　　次	2025年3月第1版
	2025年3月第1次印刷
书　　号	ISBN 978-7-5125-1832-2
定　　价	59.80元

国文出版社

北京市朝阳区东土城路乙 9 号　　邮编：100013

总编室：（010）64270995　　传真：（010）64270995

销售热线：（010）64271187

传真：（010）64271187-800

E-mail：icpc@95777.sina.net

詹天佑（1861—1919 年），字眷诚，号达朝。中国铁路工程专家，中国铁路工程的先驱。安徽婺源（今江西婺源）人，生于广东南海。耶鲁大学毕业。香港大学博士。英国土木工程师学会、美国土木工程师学会等学会会员。与他人创办中华工程师会（后改名中华工程师学会），并担任首任会长。

曾参加修建或主持修建京奉铁路、京张铁路、张绥铁路、川汉铁路、粤汉铁路、汉粤川铁路，任工程师、总工程师、督办、交通部技监等职。

1905—1909 年主持修建中国自建的第一条铁路——京张铁路（今京包线北京至张家口段）。在八达岭路段，因地制宜运用“之”字形线路，减少工程量，并利用“竖井施工法”开挖隧道，缩短工期。京张铁路的修建，帮助中国培养了第一批铁路工程师。

目 录

第四章 督办汉粤川铁路

第五章 忙碌的晚年生活

第一章 童年时的际遇

对机器特别着迷

清朝晚期，在广东广州有个茶商名叫詹兴藩，他以卖茶叶为生，在广州也还算小有名气。可是，好景不长。1840年，鸦片战争爆发，英国侵略者用大炮轰开了中国的门户。詹家的茶行和其他小商铺一样全被外国人挤垮了，为了减少家用开支，詹兴藩被迫把家从大都市迁到了一个叫南海的小城镇。

南海是一个非常美丽的地方，那里生长着繁茂的榕树、挺拔的云杉，凤凰树上盛开着火样的花朵，相思树垂下长长的果实，一派生机勃勃的南国风情。

1861年4月26日，詹兴藩喜得贵子，全家对这个刚出生的男孩疼爱备至，于是詹兴藩的父亲给这个孩子取名为“天佑”。

小天佑是家中的长子，前面还有两个姐姐，没过几年，家里面又添了一个弟弟、两个妹妹。这样一个人口众多的家庭，主要靠父亲詹兴藩一人维持生计是很艰难的。于是，詹兴藩除操持一些田亩外，还做一些小生意，并替人代写书信、刻印章，春节时写春联等挣些银两，补贴家用。

詹兴藩的妻子陈氏是广东肇庆人，是一位勤劳刻苦、聪明贤惠的妇女。她终年操劳忙碌，相夫教子，为孩子们的成长倾尽了心血。

詹兴藩对小天佑寄予了无限期望。他经常给小天佑讲鸦片战争,讲林则徐虎门销烟,讲外国人怎样用炮舰轰开中国的大门等故事。

小天佑总是聚精会神地听着,不时地提出问题:

“为什么朝廷要革林则徐的职呢?”

“为什么中国兵打不过洋鬼子呢?”

父亲耐心地回答儿子的问题。他告诉小天佑:“外国人取胜是仗着有洋枪大炮,而中国人没有。”

“那么,中国人为什么没有洋枪大炮呢?”小天佑又问。

父亲告诉他,枪炮是用机器造的,而中国连造枪炮的机器都还没有呢!

“噢,机器可以造枪炮,那机器是什么样的呢?”

父亲回答不了这个问题。小天佑从此对机器充满了好奇。詹兴藩有位好朋友叫谭伯邨,在香港做茶叶生意,经常来往于香港、广州之间。

当时,英法资本主义的势力已经侵入广东。鸦片、纺织品、机器和其他洋货源源不断地经香港输入广州,再由广州转运到各地。同时,他们又以低廉的价格从中国购买茶叶、丝绸和其他农副产品以及工业原料。广州成了洋货、土产的吞吐港。

谭伯邨每次从香港回广州时,总要到南海探望老友一家。他时常在经济上接济詹家,并给这个久居乡间的家庭带来许许多多有关外面世界的故事。小天佑总是认真地听谭伯伯讲故事,渴望着有一天能到外面的大世界去看一看,亲身体验一下故事里人物的经历。

谭伯邨非常喜欢小天佑。得知小天佑对机器很感兴趣后,他就经常从广州、香港捎些工程画报给小天佑。从这些画报上,小天佑认识了火车、轮船,还有好多好多叫不上名字的机器。谭伯邨还答应小天佑,有机会一定带他亲眼去看看这些画报上的东西。小天佑真盼着这一天快点到来。

见不到机器实物,小天佑就依照画报自己做了起来。有一天,小天佑还没吃完饭就要出去了。在他跑出家门的那一刻,父亲问道:“这么急,到哪里去呢?”

“我要去制造机器。”话音刚落,小天佑已经跑出很远。

父亲虽然知道小天佑很喜欢研究机器,但听说他要制造机器,还是感到十分好奇。于是,他就跟着小天佑看看他到底在干些什么。

跟着儿子,父亲来到了村边的小河旁。只见河边已经聚集了一群和小天佑年龄相仿的小朋友。他们有的挖土,有的提水,还有的和泥。小天佑除了指挥小伙伴们外,还亲自参与。

只见小天佑把和好的泥拿起来,照着口袋里取出的火车画报做起模型来。他首先从一节一节车厢做起。一节车厢做完了,他还要跟画报里的车厢比照一番。不合格的车厢，小天佑就把它毁掉重来。虽然很费精力和时间，但他坚持了下来。有时他的脸沾上了泥巴，额上也冒出了汗，小天佑却一点儿也不在意。

经过好几个小时的努力，小天佑的火车模型终于做成了。父亲一看就惊呆了：火车模型几乎和画报上的火车一样。其他小朋友看到火车模型都聚集过来，他们都发出了惊叹声。

在小天佑7岁时，父母省吃俭用，把他送入了南海的一家私塾读书。他对课堂上老先生讲授的“四书”“五经”以及八股文没有一点儿兴趣，他仍然醉心于画报上的机器。

小天佑除了用泥土捏出各种各样的机器模型外，他还搜集了一些机器零件。在他口袋里经常有捡来的小齿轮、小发条、螺钉之类的东西。看到别人有什么新鲜的玩意儿，他总要凑过去看个究竟。看那些物品到底是什么东西，是怎样做成的。

有一段时间，小天佑对家里的自鸣钟产生了兴趣：自鸣钟为什么会自动打点呢？为什么会不知疲倦地走呢？他背着父母开始拆卸自鸣钟。

小天佑今天拆一个零件，明天再拆一个，直到把所有零件拆卸了一遍，弄清了自鸣钟的构造才罢休。他还兴致勃勃、有条有理地把自鸣钟的原理讲给其他小朋友听。

看到小天佑对机器如此着迷，父亲非常高兴。他不断给予儿子鼓励和支持。

童年的小天佑在接受中国传统私塾教育的同时，也开始接受西方文化的启蒙教育。这是他不同于和优于同时代许多中国孩童的地方。

1871年，10岁的小天佑将读完私塾，他的父亲詹兴藩因为家境困难，不准备让他再读下去了。他在考虑长子的出路问题：是让儿子跟着自己谋生，还是去做学徒学些技艺？就在这时，一件意想不到的事情发生了。它改变了詹兴藩的思想，也改变了詹天佑的一生。

远赴美国寻求知识

1871年，清政府派进士出身的太常寺正卿陈兰彬、从美国留学回来的江苏候补同知容闳为正副委员，负责办理招考12至16岁的孩童官费留美事宜。当时社会比较封闭，对出国留学多存疑虑。容闳认为南方比较开放，就亲赴香港招生。

此时的小天佑读完私塾，他已经是快11岁的孩子了。年底的一天傍晚，全家人正在商量小天佑今后的出路问题，谭伯邨急匆匆地来了。他进门便说：“我给天佑找到了一个出路！”

詹兴藩一听，忙问：“什么出路？”

谭伯邨坐下，喝了口水说道：“是去美国留学。政府要选送孩童官费留洋学习科技。”

詹兴藩说："以前没听说有这回事呀，怎么现在官府要选孩童出国呢？"

原来，在詹天佑出生前不久的第二次鸦片战争中，中国又一次在英、法两个西方资本主义强国的武力进攻面前惨遭失败，清王朝的统治摇摇欲坠。

在这种情况下，清政府中有的官吏感到中国在军事上实在太落后了，难以抵挡西方列强的坚船利炮。所以，他们从维护封建统治的目的出发，发起了以购买制造洋枪、洋炮，兴办工厂、开采矿山及向国外派遣留学生等为内容的洋务运动。

向外国派遣留学生的建议是由一位叫容闳的改良主义者最早提出的。容闳，字莼甫，广东人，18 岁时随一位美国教士去了美国。在美国，容闳先是进入马萨诸塞州孟松镇的孟松预备学校（Monson Academy）读书，1850 年毕业后升入美国的耶鲁大学学习，4 年后毕业，获文学学士学位，成为有史以来在美国第一流大学毕业并获得学位的第一名中国学生。

27 岁时，容闳回到广东，看到清政府的腐败和落后，他十分忧虑。于是，他向清政府建议派遣留学生出国去学习先进的技术。洋务运动的领导者从扩充洋务派的实力的目的出发，考虑到确实需要培养一些人才以便掌握和运用从外国买来的机器，因此给予大力支持。

几经权衡，清政府终于同意了派遣出国留学生的计划。清政府的计划规定：选派聪明的孩童去外国学习，每年 30 名，连续4年，在外国学习15年后回国。洋务派认为，孩童出国时年龄在12到14岁之间，到外国学习15年，回国时不过30岁上下，年富力强，正好可以报效国家。

1871年春天，清政府决定在上海招收30名孩童出国，但是，上海的一些达官贵人家的子弟过惯了养尊处优的生活，家里不舍得让他们出国，穷人家的孩子大多又没读过书，过不了考核这关，所以，上海报考的孩童很少，没有招满。这样，政府又派人到香港去挑选聪颖而又中英文都好的学生。

谭伯邨在香港听到招考的消息后，马上想到了小天佑，于是他立即赶回南海，将消息告诉了詹兴藩，并建议詹兴藩夫妇让小天佑去报考。

詹兴藩一听说要远渡重洋，就有些犹豫："这么小的孩子去那么远的地方读书，怎么行呢？"

谭伯邨说："苦是苦了点儿，不过，这可是个好机会，孩子若是真能出国，回国后一定受重用，这可是一辈子的金饭碗。"

天佑母亲说："好倒是好，只是天佑还小，从来没离开过家，我担心他去那么远的地方会想家。在那儿，身边没人照顾，让我怎么舍得呢！"

谭伯邨说："我看天佑这孩子平时挺能吃苦的。孩子大了，就该让他出去闯荡闯荡，让他守在家里能有什么出息呢？"

看着天佑父母担心的样子，谭伯邨又说："只要你们让天佑出国留学，我就把我的四女儿许配给天佑为妻，这下你们放心了吧！”

詹兴藩夫妇当然很高兴。在谭伯邨的一再说服下，他们终于同意让小天佑去香港参加考试。如谭伯邨所料，小天佑在香港以优异的成绩通过了考试。他被录取了。根据留学规定，家长还要在一份留学志愿书上签字画押。

志愿书上写着，做父母的愿将孩子送往美国读书，学成后回国效力。在此期间，生老病死，听天由命。詹兴藩怀着生离死别的心情，在志愿书上签了字。

很快，小天佑报名参加官派留学生的消息在街坊中传开了，但当时人们并不了解内情，再加上听说要留洋15年不能回家，还要立什么生死具结，因而大多数人并不看好这件事，街坊们之间也就是传闻而已。

然而，这对于詹兴藩的家族而言不是一件小事。詹兴藩有同父异母兄弟12人，自己虽为庶出，在家族中地位不高，但家族中每一位成年男丁的去向都会受到整个家族的关注。

詹兴藩让两个女儿将天佑报名参加朝廷选派出国留洋学生的消息分头告知了其他在省城的族人，当天晚上，各房兄弟或他们的家人纷纷聚集在詹兴藩的家里，不知就里地谈论着詹天佑由朝廷选派出国学红毛话和技艺的事情。

在詹天佑的印象中，族人们只有春节或清明祭祖的时候，或者哪位家里有生死大事时才会有这样的集会，今天整个家族都将目光关注到他的身上，他深深感到了一种潜在的责任，至于大人们在这种场合具体讲什么、谈什么，他并不关心。

族人们在詹兴藩的家里聚谈到深夜才各自散去。大家离开的时候，都客气地走到詹天佑的面前对他说："天佑，好好努力，我们盼着你平安归来。"没有人说"光宗耀祖"的话，因为在那样的年代，谁都对官派出洋留学这样的事心里没底。

1872年春天，天气已经转暖，街上时不时地会看到满树的木棉红得像火，远望如霞。詹兴藩家门前有一条柳波涌，是广州西门外的一条小河，源头可能在城里或稍北的一个小坡地处，从华林寺由东北向西南流去。

柳波涌因两岸长满柳树而得名，柔软的垂柳枝上缀满了嫩绿的柳叶。河涌的两边堤岸处不时能看到一些老翁或小孩捞鱼摸虾的身影，两岸不远处成片的菜田正泛着新绿。柳波涌的河水轻轻地流淌着，不慌不忙，流进白鹅潭，流进珠江，流往南海，融入太平洋。

詹天佑站在家门外柳波涌边上，望着清清的河水，目光似乎凝住了，他想起了前几天坐火轮往来香港的情景。当船行驶在珠江口，行驶在维多利亚港湾的时候，他第一次看到湛蓝的海面，春天的海风在暖暖的阳光里迎面吹拂，有一种难得的舒畅。原来海洋是如此美丽动人。

11岁的少年，正是爱幻想的时候。詹天佑知道，这柳波涌里的水，会进珠江入南海，那南海之外是什么样子，他一点儿概念都没有。花旗国又是什么样子呢？他也无法想象。正当他凝神望着河水沉思之时，一只手拍了拍他的肩膀，他回头一看，是谭伯邨。

谭伯邨说："天佑，你父亲和母亲已经为你把行李准备好了，回屋吧，准备动身。"

天佑跟着谭伯邨回到屋里，只见满屋子都是人，大家都是来为他送行的，有族中长辈，有邻居街坊。他本来以为母亲此时一定很伤心，可能躲在哪个房间里哭呢。出乎他意料的是，母亲今天却显得格外开朗和欢喜，满脸笑容地与街坊和亲友们打着招呼。

父亲、大姐、二姐和弟弟也个个都是开心的样子，这都是他没有想到的。现场的气氛打消了詹天佑心中的疑惑，他的心情一下子轻松了许多。

出门时，送行的人都自动地让出了中间一条道，屋里站不下，有些人就站到外面去。詹天佑坚毅而沉静地望着身边掠过的一张张熟悉的脸，这里面有许多阿公阿婆都是看着他从小长大的。

詹天佑耳边清楚地听到老人们轻声地嘟囔：顺顺利利，平平安安，顺风顺水。每一声祝福的话语虽不同，却传递着共同的心声。詹天佑也许天生就是一个不善言辞的人，他学着父亲和谭伯邨的姿势，向大家拱手抱拳，用坚定平静的目光向在场的每一位乡亲、街坊点头示意。

詹天佑的行李是一只木箱，由两个族中年轻兄弟帮忙抬着。一行人一路上穿街过巷，来到天字码头。天字码头古时候是接送官员专用的，经过两次鸦片战争之后，往来香港和广州之间的火轮有时候也会在此处停靠。

詹天佑的内心是复杂的，他没有打算去看父母的脸，也没有打算向两个姐姐和弟弟叮嘱些什么。因为此时，他不想去触动任何人心中那根敏感的弦。

两个族中兄弟帮忙把天佑的木箱抬到船上放好便下船了。谭伯邨和詹天佑找好座位之后，又走到船窗边，望着岸上送行的人群，寻找亲人们熟悉的身影。詹兴藩一家人站在人群中，望着船上，很快将目光停驻在詹天佑站立的船窗处。

一时间，船上船下的人们都拼命地挥动着双手，船沿着珠江往东驶去，岸上的人流也跟着船行的方向往东移动。很快，船已行过海印石，再往东，直到二沙岛上那葱郁的树遮挡住了人们的视线，岸上的人群才逐渐散去。

慢慢地，船行得越来越远，詹天佑回望着广州城，他无法设想 15 年后这座城市会变得怎么样。看看流逝的珠江河水，想着那些在天字码头久久凝望着自己的亲人，他的泪水奔涌着从眼角流出。从此，年仅 11 岁的詹天佑告别了父母亲人，远离祖国，开始了留学生活。

在异国他乡勤学苦读

1872年8月11日,包括詹天佑在内的第一批赴美留学孩童,从上海乘船去美国。轮船驶出长江口以后,除了偶尔看到几条渔船之外,便是无边无际的海洋。

第一站到达日本横滨。在横滨换乘了海轮,横渡太平洋。这次终于坐上了从前只在报纸上见过的轮船,詹天佑非常高兴。他和小伙伴儿们一起站在甲板上眺望着浩瀚的大海,海水拍打着船舷,激起朵朵浪花,他们快活极了。

在船上,他们还听到了许许多多新鲜事。有一天,詹天佑听轮船上的人说:

> 东经180°这条线叫作“国际日期变更线”。所以由西向东行驶的轮船经过这里,需要多加一天。而从东向西行驶的轮船经过这里则需要减一天。

詹天佑听后觉得很奇妙。这些新奇的事物在他幼小的心里都打上了一个个问号。经过三个多月的海上漂泊,轮船终于到达了美国旧金山。从旧金山改乘火车,经过华盛顿到达纽约,再由纽约到达斯普林菲尔德。

早在詹天佑等人留学启程出国之前，容闳就先行启程到了美国。与当时耶鲁大学校长波特和康涅狄格州教育署长罗索布商量中国留学生的就学及居住等问题。罗索布建议把来美国的孩童分成若干组，每两三人为一组，寄居在美国人的家庭之中，这样可以迅速学好英语。

接待中国孩童留学生食宿的都是一些有文化教养的美国教师、医生或牧师家庭。这些人家对于分配给他们的三两个中国孩童，都能够给予热心照料。渐渐地，这些中国孩童思念家乡的心情已经慢慢缓解。他们与美国小朋友一起做功课，一起做游戏，在互相熟悉之中，中国孩童留学生的英语进步得很快。

詹天佑住下来后，首先是学习英语。因为只有学好英语，才能进美国学校直接听课。詹天佑学习英语进步非常明显。到1873年末，他已经能够直接听课了。就这样，他被送进了西海文小学的海滨男生学校去学习。

这是一所私人办的预备性质的学校，主要任务是训练从中国和南美洲等国家来美国留学的孩童，主要课程是学习英语和了解美国的风俗和社会知识。

詹天佑在海滨男生学校的学习和生活很顺利，也很轻松。课余时间，按照排定的班次，他还定期到设于赫德福特城里克林街的中国留学生事务所去学习中文传统课程。这里的生活给詹天佑留下了深刻的印象。

1875年5月，詹天佑以优异的成绩考取了纽黑文的山房高级中学。在这里，他接触了物理、化学、数学等学科。通过学习这些学科，他懂得了火车、轮船为什么能走，齿轮、发条在机器中分别起到什么作用。

詹天佑还明白了为什么由西向东行驶的轮船经过东经180° 的时候要多加一天，而由东向西行驶的轮船经过东经180° 的时候要减少一天。那些留在心中的许多问号在这里他都找到了答案。他还对自然科学产生了浓厚的兴趣，尤其是数学。

1876年，詹天佑的考试成绩为全班第二名。一个中国学生通过英语进行学习，成绩居然超过了他同班的大多数美国同学，这件事引起了老师的震惊和赞誉。

罗索布夫人是最受詹天佑尊敬和爱戴的一名教师。她经常鼓励詹天佑努力学习科学，将来做一个科学家。于是詹天佑开始系统地学习一些科学基础知识，对于自然科学的实验和采集，他特别感兴趣。1878年，詹天佑在高中最后一个学期期终考试取得了全班第一名。最后，他以全班第一、全校第二的优异成绩读完了高中课程。

詹天佑不仅学习刻苦努力，而且也十分重视锻炼身体。中国人常常被西方报纸称为“东亚病夫”，这使他很受刺激。他立志要洗去这个耻辱的称号。所以，在课余的时候，他总是坚持不懈地锻炼身体。

詹天佑喜欢参加游泳、滑冰、钓鱼、打球等各种体育活动。他特别喜欢打棒球，而且还打得很好。留学生在赫德福特城组织了一个“东方人”棒球队，他就是队员之一。这个球队曾经和一个半职业球队进行过一场表演赛，当时，詹天佑高超的球技使美国人感到惊讶无比。詹天佑说：

> 要学好功课，非锻炼身体不可。不洗去“东亚病夫”的耻辱，什么都谈不上。

每逢暑假和寒假，容闳就带着他喜欢的一些孩子到美国中西部去旅行，詹天佑就是这些孩子中的一员。他每次去都能有很大收获，除了看到美国各地工业和农业生产的情况外，还看到了一些政治活动。像城市广场上政客的演讲，英格兰式的报纸、六栏标题的攻击性词句……这些资产阶级所谓的民主制度，给他留下了深刻的印象。

詹天佑在美国中小学求学的几年中，亲身体会到祖国由于贫穷落后，被动挨打，国际地位日益低落，到处受人轻视。因此，他迫切希望能改变当时中国落后的经济状况。

他认为，要想使中国富强起来，首先要学习自然科学知识和西方资本主义国家的生产技术和经济制度。所以，中学毕业之后，在教师罗索布夫人和容闳的支持下，他考上了耶鲁大学的谢菲尔德理工学院。

学院的入学资格考试是很严格的，每一名入学新生必须通过各种考试，其中包括英文、地理、拉丁文、代数、几何、三角及英国历史，学制为三年，詹天佑读的是土木工程系，学习铁路工程科。在耶鲁大学学习期间，他的学习成绩非常好，特别是数学科。在大学一、二年级时，他还两次获得数学科的奖学金。

詹天佑留美的时候，正是美国在电机、通信工业等方面有重大突破的时期：

> 1876年，贝尔发明了电话；1877年，爱迪生发明了留声机，随后亲自在白宫作示范表演，放留声机给美国总统海斯听；1879年，爱迪生又发明了电灯；1880年，白宫开始装设电灯、电话……

为了展示美国经济发展的成就，在美国建国100周年时，费城举办了世界博览会和美国独立百年博览会。这次博览会全部展出面积有115万平方米，主要展出品有蒸汽机、电话、电梯、印刷机及枪炮等。西方旅客铁路公司还在场内修筑了4.8千米长的铁路，用朱庇特440式的机车拖着车厢，供观众乘坐。这些机电产品在当时都是先进的科学技术成果。

1876年8月，容闳带着留美中国学生参观了这个盛大的博览会，西方高度发展的物质文明对詹天佑产生了极大的吸引力，增强了他学习科学技术，振兴祖国的决心。这时国内已经有一些见识远大的人主张修造铁路以图富强了。詹天佑恰好置身美国，目睹了美洲中央大铁路使东西物资交换畅通，人们来往方便，他更深信修铁路是使国富民强的重要产业。于是，他努力学习，准备回国后为祖国效力。

在耶鲁大学学习的三年中，詹天佑刻苦学习，学习成绩非常好。在毕业考试中，他得了第一名。为了准备毕业论文，他从1880年就大量收集资料，进行实地调查，经过半年多的努力，终于完成了颇有价值的题为《码头起重机的研究》的论文。1881年，詹天佑从耶鲁大学毕业，获学士学位。他的毕业论文获得了导师很高的评价。

就在詹天佑从耶鲁大学毕业的这一年，清政府下令撤回所有在美国的中国留学生。按原计划，这批留学生在美国学习15年，而当时即使是第一批抵美的留学生也才学习了9年。他们当中，除了詹天佑和欧阳庚外，其他人都还没有念完大学。

由于事情来得突然，大家议论纷纷，非常不明白其中的原因。而负责留学生事务的副监督容闳非常清楚其中的缘由。他无可奈何地叹道："这一天终于来了！"

原来，容闳自幼受西方教育，毕业于耶鲁大学，是一位具有资产阶级民主主义思想的知识分子。他认为中国要摆脱贫困和落后，必须走资本主义道路。他还认为，要想使国家富强，教育至关重要,必须培养一大批掌握西方先进科学技术的年轻人。

容闳本人深得西方教育的裨益。回国后,他不断往来奔波,敦请清政府向国外派遣孩童留学生。他还亲自制订了留学计划,并毛遂自荐,表示愿意亲自带领孩童赴美,负责督促他们的学习,料理他们的生活。

容闳的建议得到了洋务派的支持。但是,他们又顾虑这批留学生在学习西方科学技术的时候,接受西方的资产阶级民主主义思想,将来回国后会冲击清王朝腐朽的专制统治。所以,他们同意让顽固派人物任正监督,以此用封建礼教来束缚留学生。

这批孩童初到美国时,都留着辫子,穿着长袍、马褂,走在学校里非常显眼。美国人甚至分不清他们是男孩还是女孩,顽皮的美国同学还拿他们的辫子开玩笑。因此,过了一段时间,留学生们纷纷剪掉辫子,穿起洋服。他们和当地的孩子一起学习,参加各种体育活动。有时,一些中国留学生还和他们的美国房东一起上教堂做礼拜。

这一切都使正监督陈兰彬十分生气。他认为,这样的做法简直是大逆不道。留学生们与他的矛盾日益激化。尽管有容闳从中调解,但是他往往偏袒学生。后来,正监督换了几任,而留学生与他们间的矛盾没有一丝一毫的缓和,相反,还不断加深。

最后一任正监督名叫吴子登，是个死硬的顽固派。他上任后，处处吹毛求疵。他指责学生终日游玩，无心读书；不尊重师长，不听训诫，甚至有人信奉基督教。长此下去，对国家没有任何益处，反而会有害于社会。于是，他请求清政府尽快撤回留学生。

与此同时，美国掀起了一股排华浪潮。华人被逐出了家园，甚至不许他们在城里居住，他们的住房被焚毁。他们白天都不敢在街上行走，怕遭到暴徒的袭击。白人雇主则收到恐吓信，不许他们雇用华人。暴徒们经常有组织地向华人居住区发起进攻，并以此为乐，因为他们知道华人是无处申冤控诉的。

就这样，杀害华人成了司空见惯的事情，美国报纸已不再做什么报道。警察对这种攻击都视而不见，政客们则更起劲地进行煽动。对华人的侮辱、谩骂、暴行、虐待，已到了令人发指的地步。

当中国公使就此向美国政府提出抗议，要求联邦政府派兵保护华侨人身安全并赔偿损失时，竟被美国国务卿以联邦政府无权干涉各州事务为由拒绝了。

不久，美国国会通过了排华法案。华人的行动进一步受到限制，权利更加被剥夺。华人在美国的人身安全已没有了保障。为此，清政府通过不同途径，多次与美国政府商议，都没有成功。于是，清政府下令解散留学生事务所，撤回全部中国留学生。

从1872年到1876年，清政府分4批，共派出了赴美留学孩童120人。除了3人病逝于美国，还有12人因各种原因已提前回国或滞留美国外，包括詹天佑在内的其余105人全部回国。

被召回国后学非所用

1881年，全体留学生回到上海，听候清政府派用。留美学生回国后，并未受到欢迎，反而被清政府视为异端，备受歧视和冷遇。一到上海，他们便像囚徒一样被囚禁起来，不许外出。后来，这批深受美国自由、民主思想熏陶的年轻人难以忍受，经过长时间的奋起反抗，才得以获得白天外出、夜晚回去的权利。

过了很长时间，他们才被准许回家探视亲人。詹天佑与双亲断绝通信近10年，获许探亲后，他立即由上海经香港转到广州，回到了广州西部南海的家。

当时父亲詹兴藩正在街旁摆摊卖青菜，见一个青年向他走来，并在问话中说出了自己的名字，非常惊讶，一问才知是分别10年的长子还乡。分别10年，父子已不相识。父亲惊喜交加，热泪盈眶。一家人享受短暂的团圆幸福后，詹天佑又乘船返回上海。

在一些顽固派分子的操纵下，清政府根本不考虑留学生的专业。他们的分配原则是：

> 优等生分派到政府衙门充当翻译，学习做官的本领，以便日后提拔做官；次等生分配到天津、上海的机器局等部门专门学习一门技艺。

詹天佑虽是这批留学生中少数几个获得学位的人之一，却被认为不具备做官的才能，分配在福州船政局，学习船舶驾驶技术。土木工程系毕业的学生，改行去学驾驶，由陆到海，这对立志用学识来报效祖国的詹天佑来说，是一个沉重的打击，但他并没有因此而泄气。

到了福州船政局后，他又被分在水师学堂学习驾驶技术。由于清政府的腐败，留学多年回来的学生大都学非所用，这简直是极端的浪费。

有一天，谭伯邨因事路过福州，顺便来看望詹天佑。看到詹天佑若有所失的样子，谭伯邨关切地问："天佑，是不是对工作不太满意啊？"

"是啊，谭伯伯，我在美国学的是陆上的土木工程、铁路建筑，可现在却让我到海上驾船，我真是想不通。"

谭伯邨连忙开导他说："天佑，你不要想那么多了，咱们是听人差遣，官府让干什么就干什么好了，整天为这事烦恼，会累坏身子的。”

詹天佑笑了，他说：“谭伯伯，您放心吧，我只是有点儿失望，不过我不会灰心的，我还会认真学习，做好该做的每件事。”

谭伯邨高兴地说：“要是能这样，我和你父亲就真的放心了。”

得益于留学期间扎实的科学基础和动手能力，詹天佑仅用一年时间便学完了原需两年半时间学完的轮船驾驶课程，他还以第一名的成绩毕业。后来，他被安排到“扬武”舰实习，担任驾驶官。

1884年8月，法国海军舰队侵犯福建沿海并袭击马尾炮台及船厂，中国舰船只好仓促应战，伤亡惨重，福建海军几乎被全歼。詹天佑在这次海战中表现极为英勇。

敌人开始袭击时，詹天佑与他的几名同学正在“扬武”舰上，他们马上开炮，还击敌船。后来“扬武”舰中弹起火，詹天佑仍然继续发炮。直到火势猛烈，管带下令人员迅速离船时，詹天佑才跳下水，并且在水中救起多人。

中法海战中，詹天佑的英勇事迹受到了中外人士的赞扬。上海英商办的英文报纸《字林西报》报道：

西方人士料不到中国人这样勇敢力战。“扬武”号兵舰上的5位学生中，以詹天佑的表现最为动人。他临大敌而毫不畏惧，并且在生死存亡的紧要关头，还能镇定如常，鼓其余勇，在水中救起多人。

西方人料想不到中国人会这样英勇抵抗，他们对“扬武”舰官兵，特别是詹天佑的表现大为惊叹。中法战争中，中方取得了决定性胜利，虽然中国海战失利，但并不影响大局。而腐朽的清政府却在巴黎与法国签订了屈辱的和议条约。中国军民英勇抵抗法军的战绩，就这样被出卖了。

1884年10月27日，詹天佑应两广总督张之洞的邀请，从福州回到他久别的故乡广东。就在他即将离开福州时，福州船政大臣何如璋却建议皇帝嘉奖詹天佑。就这样，詹天佑被授予五品顶戴，并于11月6日到两广总督衙门报到。

此时，张之洞任两广总督还不到5个月。为了加快培养洋务与军事人才，他上任后就将广州黄埔广东实学馆改为广东博学馆，并筹划将博学馆扩建成一所新式水陆师学堂，四处聘集人才，调詹天佑回广东任教。

张之洞是清末洋务派领袖，同治进士。1882年任山西巡抚，1884年中法战争时，升调两广总督。1889年调湖广总督。1907年任军机大臣。他创办汉阳铁厂、兵工厂，修建京汉铁路，被誉为中国的“钢铁之父”。1884年5月，慈禧太后派张之洞任两广总督，办理广东防务。张之洞临危受命，赴广东迅速建立军民联防的防御体系。

在中法战争中，福州水师大败，而陆路各军大胜，暴露出中国海防薄弱的缺点。张之洞在接任两广总督之初，即奉清政府电令，要求各地将沿海各口地形绘制海图。

然而，屡经催促，至1885年底，海图仍未能完成，有送上的也过于简略。为此，张之洞设立海图馆，委派广东营务处组织专门班子，考察各海口，逐一勘测；同时，还委派博学馆教习的詹天佑，选几个精通测绘的专业人员，随同前往。

广东省海岸线绵长，内河外海，暗礁明岛，丛杂林立，要按张之洞的要求绘制"精当详细"的海图，并不是件容易的事。好在詹天佑在耶鲁大学土木工程系专门学习过地形测量学、铁路路线勘测学，他运用所掌握的西方先进的勘测与绘图方法，带领海图馆人员深入沿海海岸与岛屿，从1886年2月至1887年8月，历时一年半，终于绘制出我国首幅精细海图，也就是《广东海图》。

张之洞看了詹天佑绘制的《广东海图》，既清晰又准确，而且注说详明，十分高兴。1887年冬，张之洞带上詹天佑等人，乘轮船巡海，亲赴广东省的绵长海岸，对詹天佑所绘海图与各分图详加核证，随后将该图上报朝廷，分别呈给军机处及总理衙门。

张之洞一直主张中国应建立北洋、南洋、闽洋、粤洋四支海军，中法战争的经历更坚定了他的目标。要建立广东水师，首要任务是培养新式军官。

经奏准清廷，1887 年 7 月，张之洞仿效李鸿章、左宗棠在天津、福州兴办水师学堂的做法，在博学馆的基础上，设立广东水陆师学堂。受到张之洞信任的詹天佑，担任了广东水陆师学堂的教习。其间，詹天佑认真执教，成绩显著，还被尊称为导师。

第二章 历练成长的日子

危急时刻崭露锋芒

1888年初的一天，詹天佑收到了老同学邝景阳的信，问他是否愿到中国铁路公司任职。詹天佑喜出望外，欣然应允。他当即辞掉教习的职务，毅然北上。这是他献身祖国铁路事业的开始。

修筑铁路是李鸿章洋务事业的一部分。他修建铁路一直本着借“洋债”、雇“洋匠”的原则，他对民族资本和中国自己的铁路人才很不信任。因此，中国铁路公司高薪聘请了英国和德国的工程师。

1887年，在延展唐胥铁路到天津的过程中，代表各自国家利益的英国工程师金达和德国工程师鲍尔发生了争执。金达看中在公司里当了8年库房保管员的留学生邝景阳，要他出来同鲍尔对抗。但是邝景阳因自己不是很熟悉铁路技术，便推荐了老同学詹天佑。

詹天佑进入中国铁路公司后，并没有立即受到重用。当初金达愿意让一个中国人与自己共事，不过是为了在同鲍尔的较量中占据有利地位。在技术上，他根本没把詹天佑放在眼里。他从心底看不起中国人。

一进公司，詹天佑就察觉到了金达和鲍尔间的矛盾，他不

愿卷进这场纠纷中。当时，塘沽与天津间的地段正在铺轨，他马上卷起铺盖，搬到了铁路工地。

当时正值夏季，詹天佑吃在工地，住在工地。他虽然身为工程师，却和工人们一起动手干活儿，从不摆架子。在他的指挥下，塘沽到天津段的铺轨工作仅用80天就完成了。李鸿章亲自前往勘验了全线工程，非常满意，认为这是金达的功劳，为此，他还提升金达为总工程师。詹天佑在铁路建设上的成绩就这样被抹杀了。

通车仪式结束后，邝景阳非常气愤地对詹天佑说："这算是什么嘛，明明是你的功劳，为什么要加在洋人头上呢？"

詹天佑笑了笑，说道："没什么，能有机会把我所学的知识付诸实践，我已经很满足了。"

邝景阳生气地说："你呀，就知道苦干，功劳都被窃取了，还满足呢！"

詹天佑拍了拍邝景阳的肩膀说："广东有位工程师，在地方上做了很多事业，也从来没有人知道他。我才到铁路公司来，应当多做事，又何必争功呢！"

邝景阳不服气地说："我只是觉得不公平，总督大人分明只迷信洋人，不信任自己人。"

其实，邝景阳说得没错。李鸿章的确只知道迷信外国工程师，他对中国工程师没有信心，所以詹天佑并没有得到应有的重视，还经常被金达所压制，不让他多插手，但詹天佑却不浪费任何时间。

詹天佑了解金达的用心，就是想让中国人永远没有能力自己修筑铁路以便任由他们操纵。詹天佑暗下决心，一定要练好技术，超过外国人。不让他去工地，他就埋头研究工程书籍，并培养国内的年轻人钻研技术。

1890 年，清政府决定把唐胥铁路向北延伸到山海关，并由山海关扩展到锦州、沈阳、吉林。金达又被李鸿章任命为总工程师。詹天佑因为在督修前一段工程中认真负责，建桥速度快、质量好，被升为分段工程师和总段工程师。金达仍旧想压制詹天佑，但滦河大桥的修建让他不得不在詹天佑面前低下头。

那是在 1892 年，唐胥铁路向外扩展的工程进展到滦河。滦河铁桥工程是一笔很有油水可捞的生意。金达见到有利可图，便把工程包工给英国人喀克斯。滦河河床泥沙很深，又遇到水涨流急，喀克斯自以为是，钻探马虎，因此打桩很困难。

号称具有世界第一流施工技术的英国人在滦河大桥工程上失败了，不得不请求日本人来帮忙，结果日本人也无能为力。后来又包给德国人。德国工程师凭着主观的想法，采用空气打桩法，结果又失败了。眼看交工的期限要到了，金达急得团团转，不得不授意喀克斯去找詹天佑来试一试。

喀克斯从来没有瞧得上詹天佑这个工程师，几个一流的外国工程师都失败了，更别提詹天佑了。可是，眼下已是山穷水尽了，只好试他一次。于是，喀克斯厚着脸皮去请詹天佑。

詹天佑分析了外国工程师已用过的各种打桩办法，仔细地研究了滦河河床的地质情况，经过缜密的测量与调查后，他决定改变桥址，采用气压沉箱法进行打桩。

所谓“气压沉箱法”，就是设置一个密不透水的工作室，如同有顶无底的巨箱倒置沉放于河床上，顶盖装设井筒和气闸，供人员和材料进出。灌压缩空气于箱中，使箱内空气压力与箱外河底水压力相等，至箱内无水，河底露出，工人即可在工作室内开挖清理地基，灌注混凝土，将石料石灰以气压筑至河底七丈（1 丈合 3.333 米）之深达至石基而止。沉箱靠自身的重量逐渐下沉，达到设计深度后，用混凝土填满工作室，从而建起基础坚实的桥墩。

于是，詹天佑穿着工匠装和工人一起在工地上紧张地进行着心中的计划，他虚心地接受工人们提出的各种意见，在工作中，詹天佑表现出了认真负责和按科学办事的精神。当他发现工程人员所绘蓝图有错误的时候，立即严格地指出来，让他们修改。

就这样，詹天佑和工人们经过在工地上反复测试和大量的调查，还多次潜入水下，采用气压沉箱法配合机器打桩。外国的工程师们都用怀疑的目光注视着工程的进行。最后，这位相信科学、相信群众的工程师，终于顺利地奠定了坚固的桥基，使外国的工程师大吃一惊。

不久,滦河大桥如期竣工,全长660米的钢铁大桥屹立于滚滚滦河之上,这一次显示了詹天佑渊博的学识、高超的才干、大胆革新和实事求是的科学态度。他研究的建桥墩所用的气压沉箱打桩法,在我国为首次采用。

滦河大桥的建成,使外国工程师对詹天佑刮目相看,更使詹天佑自己及他的助手们坚定了以后担负更艰苦工程的信心。1894年,在国际上颇具权威的英国土木工程师学会正式选举詹天佑为会员,还高度评价了詹天佑的创造性工作。这是中国工程师被选入该会的第一人,詹天佑为祖国争得了荣誉。

对弱国的忧心忡忡

1894年,关内铁路完成,开始修建关外铁路。詹天佑在修筑关外铁路时,工作非常努力。工程师张美后来回忆说:“我跟詹工程师钉道,西钉到落岱,东钉到营口,北钉到高山子。大滦河、小滦河、女儿河这些桥梁都是他修的。”

铁路修到绥中县中复所东站的时候,甲午战争爆发了,李鸿章的北洋水师被日本军舰打得全军覆灭,清政府同日本签订了丧权辱国的卖国条约——《马关条约》,关内外铁路工程在战争期间全部停顿下来,存放在旅顺口的北洋铁路局从外国新买的6000吨钢轨,被日本侵略军抢劫一空。

铁路遭到破坏,詹天佑非常痛心。他坐着压道车,巡行各地,探望这条西起落岱、东至营口、北至高山子的铁路线。他关心着滦河大桥和九滦河、女儿河、小滦河等桥梁。他关心铁路工程,就像关心自己的儿女一样。

1888年,津沽铁路修成后,津沽铁路股商、奕譞、李鸿章等就奏请接造天津到通州的铁路。津沽铁路股商在请求接造津通铁路给总理海军衙门的禀文中提出了修建这条铁路的各项利益,并且说:如果海军衙门向皇太后保举接造天津通州铁路成功,股商们愿在应得股息内先提十分之一捐助海军军需以为报答。

当时主持海军衙门的是奕譞和李鸿章,对于股商的建议,李鸿章欣然接受,他对奕譞说:"在我看来,修建天津至通州的铁路是势在必行,无论是对国家,还是对百姓都是一件好事。"

于是,海军衙门给皇太后上了一封赞同接造的报告。但是,这个计划又遭到了顽固派的坚决反对,顽固派和洋务派就筑路问题展开了一场辩论。顽固派屠仁守在1888年12月的一封奏折中说:

> 今天中国要自强,只能靠"修道德,明政刑,正人心,厚风俗",这是根本,因此自强决不能靠筑铁路。

1889年1月9日，河南监察御史余联沅认为筑铁路有害无利，请求皇太后下旨停修，以顺应社会舆论。1月13日，屠仁守与吴兆道合奏“通州铁路断不宜开”。1月22日，顽固派给皇太后上了4份奏疏，要求停筑铁路。

总理海军衙门的奕譞、李鸿章在1889年2月13日给皇太后呈上奏疏，对反对派提出的各种错误观点一一加以驳斥。皇太后没有办法，她叫各省督抚、将军研究提出意见，讨论的结果是持反对意见或主张慎重对待或不明确表态的占绝大多数，于是，皇太后没有批准延修津通铁路。

1895年中国在甲午战争中的失败，清政府割地赔款，使朝野上下要求自强、建造铁路的呼声高涨了起来。这时，李鸿章再次奏请修筑由天津到北京间的路线，为避免船户的波动，改以卢沟桥为终点，这条新线被称为津芦铁路（卢沟桥时名芦沟桥）。实际上还是原来议定的津通线，清政府批准了这一计划。

1895年11月28日，清政府任命顺天府尹胡燏棻为铁路督办大臣，詹天佑被调任为津芦铁路工程师。1895年底，津芦铁路正式开工。铁路从天津起，沿运河西岸，迤逦而北绕，越南苑以达卢沟桥，共108千米。

1896年，津芦铁路全线修成。这一年，恭亲王奕䜣去天津办事，开始，他乘骡子到丰台，16千米的路程差不多走了一整天。然后，他登上了豪华的火车车厢，只用了3个小时就走完了130千米的路，既快又舒适。他非常高兴。回到北京，他就毫不迟疑地下令让铁路向北京接近。

1897年8月，卢沟桥至永定门正式通车。中国铁路公司改组津榆铁路总局管辖全线。1897年，津榆铁路总局改为关内外铁路总局，筹议接修关外铁路。

1898年，关内外铁路总局决定展修关外铁路至新民屯，并拟修沟帮子至营门等路。但是自中后所至大凌河共120千米，其间大小桥共计90余座，还有应开山洞多处，工程非常艰巨。因此，关内外铁路总局拟先将锦州首段工程修完，再筹划展修，詹天佑因此任关内外铁路公司锦州铁路工程师。

锦州铁路工程师估计工程需白银400余万两，除了由户部拨养路经费200万两外，还缺200万两。英国的汇丰银行和怡和洋行马上合组了中英公司与胡燏棻谈判借款问题。

胡燏棻改变先建锦州首段工程，再筹展修的原定计划，他以修锦州铁路同时修建中后所至新民屯铁路、营口支线，并有意偿还津榆、津芦各路所欠款为由，请准了清政府向中英公司借贷1600万两的庞大外债。

8月24日，他和中英公司签订了关内外铁路合同。合同中规定：

借款期45年，从第六年开始，匀分40年归还，年息5厘。北京到中后所全路的轨道、车辆、产业及营业进款作抵押。如果到期还不上本息,上面所开路线的铁路和产业统由中英公司派人接收。直到本息全数还清再交回中国人管理。

除了以上这些苛刻的条件之外,还规定:

筑路总工程师和各部门主管人员须由英国人担当。

詹天佑当时正在修筑锦州到山海关那一段铁路。他听到这消息后,非常气愤,对中国员工说:

现在中国铁路是借外国款子修的,也就不得不用借款国家的人。只要我们有了本领,我们国家由弱变强,就可以不借外债,不用外国人了。

借款成立时,公布金达为总工程师。但是,由于李鸿章在1896年接受了帝国主义俄国的贿赂,签订了《中俄密约》,出卖了东北地区的利益。所以,俄国反对金达为总工程师,并提出声明:

> 满洲利益独占，不容第三者侵及。若修长城以北铁路，须用俄资并以俄国人为工程师。如用英款及英人，就是违背前约。

清政府总署声称合同已签押，最好由英俄两国直接交涉。这无异于将自己的独立主权拱手让给英俄两国，任随他们宰割。英国提出在华利益均沾，搪塞帝俄之口，同时双方划定在华铁路投资范围。英国保证不侵占俄国在长城以北的投资权。这样，俄国自动撤销了交涉，承认关内外铁路局的总工程师及各部门办事首领均由英国人担当。

1899 年，关外铁路修至锦州后，中国积极建设营口支线，当时詹天佑驻在营口，施工十分紧张，一面由锦州向东展修至沟帮子，一面由牛庄向西展修。两面工程同时并进，在双台子附近相遇。第二年由沟帮子向东展修。奉天将军增祺为了工程不停顿，破例提升詹天佑帮办山海关外铁路局事宜。

5 月，营口支线完成了；7 月，修至大虎山附近。这时，义和团运动爆发，八国联军入侵中国。他们以“护桥”“保路”为借口，分别占领了关内外铁路，利用铁路大规模调运军队来屠杀中国人民。因此，关外铁路的修筑被迫停止。这件事又一次深刻地教育了詹天佑：帝国主义者在中国修筑铁路，除了进行经济侵略以外，就是为武力侵略中国提供便利。

关内外铁路被帝国主义占领期间，詹天佑被督办铁路大臣盛宣怀调往萍乡醴陵铁路当工程师。萍醴铁路是在1898年由盛宣怀倡议兴修的,主要目的在于将江西萍乡的煤转运汉阳,以供汉阳铁厂熔铸卢汉、粤汉两路所需钢铁材料之用。

主持工程事宜的是美国工程师李治,詹天佑以知府名义前往协助。哪知李治等人无意修路,又阻挠中国使用1.435米的国际标准轨距。这样下去,中国的铁路轨距永远是英美制、比法制、日本制、德国制、俄国制等杂然并存,使中国铁路轨距得不到统一,以便于帝国主义的宰割。在这种情况下,詹天佑已无法工作下去,一年后便返回了北京。

八国联军进入北京之前,慈禧太后和光绪皇帝等已经逃到陕西。1901年9月7日,慈禧太后派李鸿章代表清政府与八国联军签订了《辛丑条约》。按照条约规定,侵略军开始撤退。于是,慈禧太后和光绪皇帝又回到了北京。

李鸿章在签订《辛丑条约》后,受到了全国各界舆论的攻击,心力交瘁,不久便去世。临死时,他向皇太后保荐袁世凯继任直隶总督。袁世凯到任后,清政府派他向英俄两国交涉接收关内外铁路,胡燏棻会同办理,派詹天佑参与办理关内外铁路接收事宜,并负责铁路的修复工作。

袁世凯和胡燏棻首先和英国人进行交涉,但英国人以各国"利益均沾"为由,故意拖延,不愿交还。直到1903年4月29日,英国军队才同意将关内外铁路交还中国,附加条件是随时运送英国驻华军队,以及对中国铁路英国有用人权、财政干涉权。

俄国交还关外铁路时，也规定了享有铁路驻军、电线、邮政等特权。俄国在把关内铁路交还中国前，已经擅自将关内段机车、车辆及山海关桥梁材料大批劫走北运。关外铁路也被破坏多处，亟待修复，因此交涉接收关内外铁路线成为一件极其麻烦、复杂的工作。

在这种情况下，詹天佑一面接收，一面修复。后来直到1904年，关外铁路才完成了全部复原工作。由于詹天佑在工作中表现得非常突出，袁世凯非常高兴。

詹天佑虽然修了很多铁路，但是他始终没有取得独立主持一项工程的权利，洋气和洋罪他受得太多了。因此，一股越来越强烈的念头在他心底涌动：

什么时候我们能不靠外国人，完全自己干就好了！

独自主持新易铁路

1902年底，当詹天佑正带领路工抓紧赶修关外铁路时，又有一股不祥的气息出现在东北的上空。当时，日俄在东北的争夺几乎到了白热化的程度，在甲午战争后，日本已把朝鲜完全建成自己的殖民地，在那里派驻总督，向中国东北扩张的趋势日益明显。

而俄国在义和团运动后一直有军事力量在东北活动，甚至违反有关条约规定，长期驻兵营口等地，日俄两国正在把中国的东北变成他们的角力场。

詹天佑再一次忧心如焚，心想："多灾多难的祖国啊，您的磨难何时是个尽头？"这时，詹天佑收到一份新的调令，令他赶回北京，主持新易铁路的修筑。这是他人生道路中继1888年参与铁路修筑以来最重要的一次转折。

新易铁路是从河北新城县（今高碑店市）高碑店到易县清西陵的一条铁路。清朝的祖陵分东西二陵，一个在河北遵化县（今遵化市）境内，是为东陵，一个在河北易县境内，是为西陵。

1902年4月，慈禧曾带着光绪和所有大臣拜谒了东陵。东陵是清朝入关后第一个皇帝顺治、康乾盛世时的两位皇帝康熙和乾隆的安葬之处，而慈禧的丈夫咸丰、儿子同治的陵墓也都在此。于是，慈禧也把自己的陵墓选在这里，已开工修建8年多了，她要趁自己在世时实地察看一下。

东陵到京城有100多千米的路程，车马一路劳顿，让已经67岁的慈禧深感不便。当慈禧提出第二年将去西陵拜祭时，太监李莲英说："老佛爷，明年春天前往西陵，如果想舒适一些的话，您可坐火轮车前往啊！"

慈禧说："小李子，你是在讨我开心，还是在寻我的开心？到西陵有火轮车的路吗？"

李莲英早就猜透了慈禧的心理，因为他知道慈禧对铁路和火车非常感兴趣。当年英国人在京城修筑一条展示性的铁路，火车的轰鸣声引起京城保守派官员的不满时，是慈禧亲自下令拆除的。后来，李鸿章让法国商人以进献之名，送给皇宫几辆豪华火车车厢，还在宫中让太监缠着红绸带牵行。慈禧曾对这种西洋东西有过兴趣，但很快因为国事繁重而冷淡下去。

甲午之战后，诸大臣及皇族都倡导修筑铁路，光绪亲政期间甚至把修铁路作为富民强国的第一条措施，慈禧也都没有阻拦。这次八国联军入侵北京，给慈禧以深刻的教训。从北京经山西到西安，尽管各地官民都给予了她许多拥戴，但是逃离京城时的困惑使她对许多问题不得不重新思考。

从西安回京，一路车马劳顿，使慈禧苦不堪言。后来，在河北保定，袁世凯让正在赶修的卢汉铁路为慈禧准备一辆豪华火车。当时卢汉铁路是从南北两个方向由湖广总督张之洞与直隶总督袁世凯共同督修的，袁世凯是全国铁路督办大臣。

为了使慈禧对铁路有好感，具体协调铁路修筑的盛宣怀还亲自到机车制造厂，对原来的火车车厢进行改造，请来宫廷匠人，照着"吉祥如意""龙凤呈祥"等图案在车厢内雕龙刻凤，车厢内壁衬布都换上了黄绫子，车厢内原有的座位全部拆掉，安上与宫里一样的宝座。

从保定到京城，慈禧第一次亲身体验到了火车的便利，不仅快捷，而且吃喝拉撒全在车上解决，不必走走停停，比马车、骡车确实要舒适得多，对此，李莲英是亲历亲闻的。

李莲英抱着试探慈禧太后的态度说："从卢汉铁路线上的新城县高碑店往西陵不到百里，如果从高碑店修一条铁路去往易县的梁各庄，明年到西陵祭陵不就方便了很多吗？"

慈禧太后看了看李莲英，心想，这奴才确实能知道主子在想什么，便高兴地说："小李子这主意不错。"

于是，慈禧一回到北京，就向诸大臣发布上谕：

> 此次回銮，车马犹觉繁多，供应亦复浩大，其应由如何斟酌变通，破除常格，务使轻而易举之。着御前大臣、军机大臣遵即会同悉心核议。

其时，李莲英早就把慈禧想修新易铁路以便明年清明前往西陵的想法私下告诉了袁世凯和盛宣怀等人。当然，大臣们拟议的结果也是建议筑造通往西陵的新易铁路。新易铁路从卢汉铁路线上的新城县高碑店站引出，向西跨南拒马河和易水支流，直达易县离西陵最近处的梁各庄，全长42.5千米。

西陵比东陵规模小，位于河北省易县梁各庄，在距北京西南120千米处太行山余脉群山环抱的平川上，其时主要有泰陵、昌陵、慕陵，还有一些皇后、皇妃的陵墓。

慈禧把修筑新易铁路的事交给袁世凯督办，这时离第二年清明只有6个月，时间非常紧迫。最初，在袁世凯看来，这么紧迫的工程必须让一个有经验的工程师来主持，他首先想到的是英国工程师金达。因为金达从李鸿章时期就开始在中国任铁路总工程师，成功修筑了多条铁路。

于是，袁世凯把金达找来，请他立即动手勘测新易铁路线，并报送经费预算。可是，清廷要修新易铁路的计划很快在驻京的外国使馆间传开，法国公使听说新易铁路聘请英国工程师金达为总工程师时，立即提出了抗议。

法国认为新易线从高碑店引出，属于卢汉铁路的支线，卢汉铁路是依据早在1898年由盛宣怀主持的中国铁路总公司与受到法、俄支持的比利时公司签订的《卢汉铁路比国借款续订详细合同》而动工兴建的，因而清政府要修新易线的话，应聘请法国工程师而不是用英国工程师。

当时《辛丑条约》签订不到一年，清廷和局初定，根本不想得罪列强任何一方，找金达任新易铁路总工程师本来是袁世凯主动提出的，遭到法国人的反对后，英国人也不是省油的灯，认为既然袁世凯已经聘请了金达，而且新易线是一条祭陵专线，其费用由清廷自己出，并无动用借款，法国不应干涉。这样一来，导致清廷两头都不敢得罪的局面，新易线路被迫停了两个月时间，毫无进展。

大家都清楚修铁路有很多工作要做,再过四个月就要向慈禧交差了,到时候交不了差,绝不仅仅是得罪英法两国的问题了,更会影响到袁世凯对慈禧的承诺,说轻了会影响慈禧对袁世凯办事能力的认可,说重了可能要影响袁世凯刚刚确立的继李鸿章之后最有权势人物的地位。因此,袁世凯比任何一个人都着急上火。袁世凯任命深得自己信任的梁如浩为新易铁路督办,对他说:

> 如浩,你说现在怎么办?如果聘用金达为总工程师,本来熟人熟事,应该有很多事容易沟通,工程推进也方便,可是法国人却提出这种无理要求,反对我们聘用金达。改聘法国人吧,说实在话,我心中也没有数,而英国人又提出反对,这不是叫我两边为难吗?本来以为两边沟通,希望一方妥协,但事已拖了两个月,双方毫无让步的迹象。你说怎么办?

梁如浩说:"大人不必过于心急,事情可以慢慢商量,凡事事缓则圆,这也是您以往训示下官的。"

袁世凯怒道:"你是洋墨水喝多了吗?事缓则圆要看情况,现在新易铁路的修筑已经到了火烧眉毛的时候,你还要说缓,缓到什么时候?缓到明年清明太后要去西陵的时候?"

梁如浩从没见过袁世凯发这么大的火,他不再出声了。

袁世凯可能也意识到自己的失态，于是缓了缓情绪说："如浩，你是新易铁路的总办，你得帮我想个办法，如何让两边都满意。"

梁如浩当然知道，养兵千日，用兵一时，自己平时得到袁世凯的提拔重用，现在他有困难了，而且还特别把自己调来做新易铁路的总办，也说明他对自己是信任的，此时不为他解决问题，那将来就别指望他提拔和帮助自己了。

梁如浩用双手捂着脑袋，想了想说："那英国人和法国人是否反对我们聘华人做新易线的总工程师？大人有没有想过？"袁世凯说：

> 这个问题我当然也想过，可是，华人中有人能独立主持铁路修筑吗？詹天佑？不，詹天佑肯定不行，虽然他在铁路修筑方面有经验、懂技术，但是他一直是在金达手下干活的，就算是修萍醴线，那也是在李治的主持下进行的，这些我都了解过。现在工期这么紧，又是冬天，他能承担起这个责任？我心中没有数。其实，有几次到关外巡视，我确实见他在工地上很努力，但我担心他那文质彬彬的样子，做总工程师的魄力不够啊！

梁如浩说：

据我所知，詹天佑虽然长期在金达手下做事，但他常常是独立开展工作的，金达总是把他派到一般西洋工程师不敢去或不愿去的艰苦路段开展工作，诸如滦河大桥这样的艰难工程，外国工程师完成不了他都完成了。至于魄力问题，我们都是当年的留美孩童，多少还是了解一些的，他虽在公开场合不善言语，但做起事来是非常有原则的，凡是经他手的事，他都能独当一面去完成，否则的话，金达也不会那么长时间与他相处仍信任他。

袁世凯说："既然这样，那就把詹天佑调过来任新易铁路的总工程师吧。我们用大清国的银两，用大清国自己的总工程师，我想英法两国总不至于过分到这一点都不同意。"

于是，詹天佑被调回北京出任新易铁路总工程师。被袁世凯召见后，詹天佑兴奋得一夜没睡。他并不是因为被袁世凯召见而激动，而是为自己能担任新易铁路的总工程师而高兴，这可是真正完全由中国出经费、中国工程师主持的第一条中国近代铁路。

顺利建成新易铁路

詹天佑一到北京，先是拜会了袁世凯，表示了对他信任自己的感谢，然后听了梁如浩对具体情况的介绍，他就马不停蹄地开展了工作。特别是当了解到袁世凯对自己有所顾虑的时候，他要向袁世凯这样的当权者展现中国自己的铁路工程师不比外国工程师差，甚至更为优秀。他也明白在这么短的工期内要完成这条铁路的艰巨性。

有了曾在锦州、营口和萍乡独立修筑铁路的经验，这一次，在天子脚下工作，詹天佑更是铆足了劲儿要干好。他带领几个山海关铁路官学堂毕业的官学生，从高碑店出发，一路骑马行至梁各庄，然后从梁各庄往回勘测，只花了数天时间就测量好各种数据，很快提出了修筑方案与经费预算。

袁世凯一刻也不敢怠慢，立即报送到慈禧太后那里。慈禧也没有延误，大笔一挥，批了60万两银子下来。此时，北京已经进入冬天，从高碑店到梁各庄一路上都是山地，在北方寒冷的天气里，施工之艰难是可想而知的。英法工程师都没有参与进来，他们对詹天佑的困难也都袖手旁观，并不肯利用有关便利施以援手。

詹天佑是一个性格不外露的人，他有一个特点，越是面对困难,他的态度越是坚定,越是有信心。在修筑滦河大桥工程中就体现了这一点。现在面对英法两国工程师等着看笑话的局面,他更不能意志动摇而不拼尽全力。

于是,詹天佑认真考虑了这条铁路的功能、工期、现实条件和要求,决定因地制宜:

> 在钢轨赶不及的情况下改铺木轨;一些关键的路段则用旧钢轨铺设,沿途的桥梁来不及建钢桥,他就改为木桥;有的地方难以建永久路基,他就先建临时性路基……

就这样,在工期短、经费有限的情况下,詹天佑带领路工们一起,夜以继日地在工地施工,甚至这一年的春节,他都是在工地上与路工们一起度过的。为了弥补路工们不能回家过节的失落心情,他不仅在伙食上对大伙儿有所改善,还给每个人发了红包,又买来鞭炮让大家燃放,使工地上也弥漫着节日的气氛。

1903年3月下旬,梁如浩向袁世凯报告新易铁路已经修成,袁世凯惊愕了一会儿说:“你是说詹天佑已把新易铁路修好了?”

梁如浩回答:“是的,大人,没有错,新易铁路可以通车了,我已同詹天佑勘验了路程,完全可以满足太后和皇上祭陵之用。”

于是,袁世凯立即带着梁如浩和幕僚赶往新易铁路。詹天佑安排山海关铁路官学堂的学员张美驾着机车,载着袁世凯一行行驶在新易线上。每到一处,詹天佑都把自己做的一些临时性改变向袁世凯汇报,并告知他,有些临时设施在太后祭陵后还要加固,有些则要改为永久性设施。

袁世凯听后非常满意,对詹天佑说:

> 说实在话,当初梁如浩提醒我用你做此路的总工程师时,我是不放心的,不是不信任你,主要是工期太紧,怕你没有独立承担工程的经验。现在证明了我的看法是错误的,真所谓"人不可貌相,海水不可斗量",你确实是我大清国最优秀的工程师。
>
> 至于这些临时性措施,只要能满足太后与皇上祭陵的方便,你是工程师,完全有决定权。当然,要是有何问题,我也要唯你是问。

1903年4月5日,慈禧和光绪从北京永定门车站登上火车。这一皇家"龙凤专列"由17节车厢组成,由美国工厂1897年制造的"卢探路202"机车牵引,火车头前插着两面杏黄色的大清国龙旗,车辆外表漆成黄色,装饰一新。车厢内铺有地毯,仿照皇宫布置得富丽堂皇。

祭陵专列从永定门车站缓缓启动,沿卢汉铁路南下,至高碑店站，转入新易铁路。27岁的火车司机张美不慌不忙、沉着熟练地操纵着机车，专列行驶平稳，没让慈禧感到一点儿颠簸。慈禧惊异地发现，她包厢里的各种装饰和摆设，没有一件掉落，连桌上的茶水也没洒溢。

专列从北京出发，经高碑店到梁各庄，一路绿灯，只用了两个多小时就安全抵达。慈禧感到乘火车去拜祭西陵既快捷又平稳，比坐马车或轿子舒服得多，非常满意。

慈禧回京下车时，将她乘坐车厢中的全部陈设品奖给了詹天佑。可是詹天佑认为功劳应归于全体筑路人员。由于詹天佑小时候就喜欢拆卸和组装钟表，所以他只取了车上一个小座钟作为纪念品，其余物品全部分给了司机张美和筑路人员。

1903年4月13日，清政府下令奖赏詹天佑等为新易铁路出力的人员：

> 候选同知詹天佑曾在外洋专门学习工程多年，为中国工程中杰出之才，此次承修路工，正值隆冬天气，措手綦难，该员不避艰辛，督率各匠役勤奋趋事，得以迅速竣工，而用费亦极节省，实属异常出力。

詹天佑原为候选同知，特提升为选用知府。总管的祭陵结束了，但詹天佑在新易铁路上的工作又重新开始了，他带

领路工,将原来的临时设施都改为永久性设施,木轨改成钢轨,木桥改成钢桥,路基加固,使得新易铁路成为一条标准的铁路。

这条新易铁路的经济价值不高,是当时皇室的祭祀专用路,但它是中国历史上中国人第一次完全用自己的经费、自己的工程师修筑的铁路。后来由于时局的变化,这条铁路也几经改易,最后于1943年被日军拆毁。

新易铁路揭开了中国工程师自己修铁路的序幕。它的竣工鼓舞了中国人民用自己的人力、财力建设铁路的勇气和信心。詹天佑也在中国广大的工程人员中树立了极高的威信,为他修筑京张铁路铺平了道路。

被派勘测沪宁路线

1903年8月,詹天佑完成了新易铁路的后期工作,奉命回到续修关外铁路的岗位。正当他带着新易铁路成功的喜悦重新投入关外铁路的展修事务中时,收到了来自家中的一封电报,给他带来了一个不幸的消息,他的父亲詹兴藩去世了,享年81岁。

根据当时的官僚制度,官员在父母去世时应告假三年在家守孝,詹天佑按惯例向当时的总办梁如浩请假回到广州奔丧。火车从关外驶往关内，到北京后，詹天佑乘火车顺卢汉铁路继续往南。

一路上，詹天佑虽然为父亲的去世而忧伤不已，但是看到从南到北兴起的铁路建设高潮已初露端倪，加上刚刚完成的新易线受到各方肯定，自己又受到朝廷的褒奖，他的心情总算平顺下来了。

过黄河后，铁路没有通车，詹天佑不得不骑马或坐轿走官道驿站，在快到汉口时又乘了一段火车线路，当时卢汉路的总工程师是外国人，但路工们知道是詹天佑乘车后都给予了热情的接待与照顾。过了长江之后，他又不得不再走官道驿站。

一路上，铁路带来的便利与没有铁路的不便，使他更加认识到在中国各地修筑铁路的紧迫性，回想20多年前在美国，纵横数千里的新大陆，从西到东纵贯美国全境才用一周的时间，现在世界各国铁路火车都提高了行速，在美国的行车速度或许更快了，可是自己从关外赶到广州，一路上尽管日夜兼程，也花了半个多月。

詹天佑在家里停留了两个多月的时间，一直在家陪伴母亲和妻儿。这个时候，广东省内的第一条铁路广三铁路刚刚建成通车，当10月5日两广总督岑春煊主持盛大的通车典礼时，詹天佑正在从北方赶往南方奔丧的路上。到广州后，他从亲友那里知道了这个消息，所以，在家守孝的这段日子，他多次前往珠江边黄沙码头对面的石围塘去察看，那里是广三铁路的终点站。

广三铁路自广州珠江南岸石围塘，经三眼桥、佛山、小塘至三水，分两段先后修筑，由美国合兴公司投资修筑。甲午战争后，光绪皇帝亲政时期曾下诏，将修铁路列为兴办实务的第一条，各省封疆大吏已经意识到修建铁路的重要性。庚子事变后，慈禧太后再次强调了修筑铁路的决心。

在朝廷规划粤汉铁路时，广东地方政府就在考虑修筑地方铁路。在这样的背景下，两广总督岑春煊利用美国合兴公司的资金和工程师修筑了广三铁路。从1901年12月起，开始修筑广州石围塘至佛山一段，长16.5千米，这是中国最早的复线铁路。1903年10月5日，佛山至三水一段建成通车，标志着共耗资4000万美元的广三铁路全线竣工，时任两广总督的岑春煊主持了盛大的通车典礼。

广三铁路与西、北江航运连接，是当年通向粤西、粤北的主要通道。尽管这条铁路不是自己修筑的，但詹天佑看到自己的家乡终于有铁路了，心中总算有了一种欣慰。

11月，汕头张煜南来到詹天佑的家里，请求詹天佑前往汕头，帮助修筑潮汕铁路。张煜南是广东梅县人，自幼因家贫往南洋打工，在南洋发迹后，积极捐资帮助家乡建设。1895年，张煜南继张弼士之后出任中国驻槟榔屿副领事，从此步入仕宦之道。

1903年，在张弼士的劝说和鼓励下，张煜南受邀回国，决心参与家乡的铁路建设。他前往北京,向清廷提出在韩江下游修建潮汕铁路的计划,受到慈禧太后的接见,获得了批准。由于他在马来西亚时就听说过詹天佑的名字,这一年在京城,他亲历了新易铁路建成在京城引起的轰动,所以这次对詹天佑是慕名而来。

于是,第二天,詹天佑就和张煜南前往汕头。潮汕铁路南起汕头,北至潮安,全长 29 千米。其时,张煜南与一位叫林丽生的商人合伙成立了广东潮汕铁路公司,公司股份分为 300 万份,其中张煜南兄弟各认股 100 万,林丽生认股 100 万。

詹天佑的身份是顾问,因为他的实差还在关内外铁路总局。于是,詹天佑带着张煜南安排的几位助手,从汕头出发,一路顺着原来设想的总体框架,向潮安进发,经过精心测量,最后确定了一个最佳设计方案。

但是,令詹天佑没有想到的是,这是一个私营的铁路公司,其中涉及股东间的一些利益冲突。当他的设计方案交给英国的怡和洋行估价为 200 万元时,被出资方否决了。股东林丽生考虑到自身的利益,将所持的 100 万股转让给了日本人爱久泽直哉,把勘测路线和建筑铁路的全部工程设备介绍给日本人,并于 1904 年 2 月以公司的名义同爱久泽直哉签订草约。

随后,爱久泽直哉于 4 月派日本工程师佐藤之辅等 23 人来到潮汕,选定了一条穿越人烟稠密的乡村地区、农田和坟墓的路线，比詹天佑的路线短了几千米。爱久泽直哉方案的预算仅需180多万元，比詹天佑方案便宜10多万元。

因路线较短，造价便宜，又有草约在先，公司于是决定由爱久泽直哉承办修建潮汕铁路。事实上，此线路造价虽然便宜，但是要通过人烟稠密的乡村，穿过农民赖以生存的农田，还要通过墓地，这些对当地风俗民情未加考虑的做法，为日后修建潮汕铁路埋下了隐患。事实上，后来按日本人设计的线路修筑过程中，如詹天佑预期的那样，果然遭到当地百姓的反对，还引发了人命案。

詹天佑不是一个排外主义者，他对日本人并无恶意，对于潮汕铁路公司的决定也没有表示不同意见。当他了解到这种私营公司内部复杂的关系时，决定不参与到这种股东之间的争斗之中。

当时，詹天佑正好接到上海的中国铁路总公司督办大臣盛宣怀的邀请，请他前往上海担任沪宁铁路工程顾问。于是，詹天佑把自己勘测的全部资料交给张煜南后，就辞去了潮汕铁路公司顾问之职，动身前往上海。

盛宣怀担任督办大臣的中国铁路总公司于甲午战争后的1896年由清廷批准成立，最初是筹建卢汉铁路事宜，主要是筹款，后来又承担了粤汉、沪宁铁路的兴建任务。总公司设于上海，主要是为了便于与各国协调及借款，为此盛宣怀也主要在上海活动。

因为各国划分势力范围时，英国获得长江流域，因而对于上海至南京的沪宁铁路，英国政府死盯着不放，中国要修此路只得商借英国银行的款项。

1903年，当詹天佑还在为新易铁路的收尾工作而忙碌时，盛宣怀以中国铁路总公司的名义与英国银行签订了《沪宁铁路借款合同》。合同中有一项内容是最高借款可达325万英镑，为了达到这个贷款数，英方工程师在勘测、设计与施工中大肆挥霍，甚至花高价从英国或澳大利亚进口高档器材。

这引起了江苏士绅的抗议，认为这样增加了江苏本地的财政负担，违背了修铁路以通货财的本意。盛宣怀面对国内和英方的双重压力，深感无奈，不得不把詹天佑请到上海，借助詹天佑中国工程师的身份与专业声望，帮助估勘这条铁路的实际费用。

詹天佑一到上海就投入工作中，他认真查看了英国工程师测量的数据和设计图纸，决定亲自实地测量。他还请盛宣怀安排了几个助手与向导，从上海往南京一路测绘，重新设计了一条铁路线路，调整了英方工程师原来设计的一些数据，将工程款由原来的325万英镑降到225万英镑。

詹天佑的估勘数据一公布，上海和南京的绅商一片哗然，认为英国工程师估价太高。盛宣怀不得不根据詹天佑的测算，与英方反复沟通，最后将贷款额度调整为290万英镑。

詹天佑测绘完沪宁线时，关内外铁路总局发来电报，要求他迅速北上，继续参与关内外铁路的修筑。1904 年底，詹天佑又回到了关内外铁路总局，赶修从新民屯至沈阳 60 千米的铁路线。

在上海时，詹天佑已经从报纸上了解到，当时日本正与俄国在东北进行战争。交战双方都是外国，却在中国的东北打仗，这是当时所有中国人都心痛的事，但是朝廷置身事外，老百姓只得苦吞恶果。

在上海告别时，盛宣怀对詹天佑说：

关外铁路对大清国很重要啊！日本与俄国一直都对我国东北数省抱有野心，现在虽然战事暂停，但是日俄并未宣布停战，恐怕战争还会随时发生，你可一定要小心啊！

詹天佑说：

天佑始终记得，食君之俸，谋君之事。对于东北日俄之争，天佑在一年前离开时已有察觉，日本虽为东洋小国，但甲午一战，大大膨胀了它侵吞大清江山的野心。至于俄国，那更是得寸进尺，我一人安危事小，真希望日俄的战火不要危害到我东北的百姓。

盛宣怀最后说：

> 枪炮不长眼，只要是战争，首当其冲的就是老百姓，希望朝廷能有所作为，让日本和俄国尽早结束在我国领土上的战争。

詹天佑知道盛宣怀说的是自我安慰的话，如果清政府有能力让日俄停战，那就绝不会让日俄在自己的国土上发动战争。告别盛宣怀，一路北上，詹天佑听到人们到处都在议论日本与俄国在东北打仗的事。

他深深为家乡广州此时的安定而感到庆幸，还好母亲、妻儿与亲友能生活在安定的环境里。同时，他也感到一丝不安，因为不论是广州也好，上海也好，都有关于同盟会和革命党活动的消息，列强各国已让清政府颜面丧尽，负债重重，难道革命党还要发动内乱吗？

詹天佑对很多事情都看不明白，对于同盟会和革命党他也并不了解，只是从报纸上知道他们鼓吹武力反清。难道国家的发展、社会的进步一定要靠武力推动吗？对此，他有自己的看法，至少从家人的生活稳定来看，他是不希望革命党进行武力反清的。虽然说国家积贫积弱，但毕竟在没有战争的环境里，老百姓还能够安定地生活。

就这样,詹天佑矛盾重重地回到了关内外铁路总局。但是,因为日俄战争的原因,铁路往沈阳展修的工程不得不停下来。这年春节,他又是在铁路上与路工们一起度过的。

春节过后,天气开始转暖。詹天佑思念着家乡的母亲与妻儿,想到母亲年老体衰的样子,知道母亲需要自己,尽管当前还是到处奔忙,但是自己有责任让母亲过一个安乐的晚年。

他回想起自己曾经工作过的关内外铁路沿线各地,想到了一个地方,那里四季分明,日照充足,风景宜人,交通方便。詹天佑认为此处适合老人生活,于是租了一处合适的民房,写了一封信,请弟弟将母亲与妻儿送过来。同时,他还从广州族人中请了一位保姆,专门照顾老人的起居。

这时,詹天佑又收到了来自中国铁路总公司督办大臣盛宣怀的电函,请他前往河南核实道清铁路的资产账目,为清政府购买这条由英资修筑的铁路做准备。于是,詹天佑不得不再一次与母亲和妻儿告别。

道清铁路原是一条英国资本修筑的运煤专线铁路,位于河南省北部,从沁阳的清化镇,经柏山镇、焦作、待王镇、修武、获嘉,穿越卢汉铁路,经新乡、卫辉东至浚县的道口镇,全长150千米。由于英国福公司资金短缺,加上焦作煤矿最初的出煤量不高,道清铁路就成了一条亏本铁路。

当时,英国福公司请英国驻华公使出面,要求清政府外务部与中国铁路总公司改变该路性质,由中国铁路总公司收购这条铁路。在这种背景下，盛宣怀请詹天佑核查该路产业的账目，以便作为估价谈判的依据。

詹天佑完成道清铁路核估后，将相关数据资料签名后交给了中国铁路总公司的代表。后来，盛宣怀就以此为依据，与英方谈判，收回了道清铁路的管理权。但遗憾的是，收回后中国并无合适人才运营，加上英方故意拖延，以至于很长一段时间内还是由英方管理。

第三章 投身京张铁路

艰难勘测京张路线

从1900年以后,出现了中国人民纷纷要求自建铁路,抗议帝国主义国家掠夺中国铁路修建权的运动。因此,清政府成立了铁路矿务总局,并颁布了《矿务铁路公共章程》,允许商人兴办铁路。

从1903年起,就不断有绅商申请以商股承修京张铁路。商人李明和曾经向清政府铁路矿务总局申请,准许他集股银600万两,承担修筑北京至张家口的铁路工程。后来,商人李春也来呈请,都被清政府以无可靠股本为由驳回。然而,清政府却因此注意到了京张铁路的修建,将商人的方案批交商部讨论。

张家口在长城居庸关外,地处北京的西北,为通往内蒙古的要道,在历史上一直是北方的军事重镇。从经济方面看,由北京到张家口是南北商旅交通的要道,贸易数量很大。每年运输的货物,有从北方输出的土产皮毛、驼绒和南方输入的茶叶、纸张等生活用品。

在政治上,清政府为了与蒙古王公加紧联系,也需要改善交通。由于有利可图。因此,清政府很快就同意了修建京张线的计划。但是,这些年来,由于清政府的腐败,国库空虚。

若是再借外债，利益又要落在外国人的手里；若不借外债，自己又无力修建。慈禧太后也左右为难。当时，督办铁路大臣袁世凯提议用关内外铁路营业余利官修京张铁路。

然而，当时关内外铁路的余利全部控制在中英公司的手里。中英公司借口关内外铁路有中英借款关系，京张线是关内外铁路的延长线，必须由英国工程师继续主持，否则不能拨款修建京张铁路。消息传出后，沙皇俄国又以李鸿章签订的《中俄密约》中规定“长城以北铁路不能由第三国承建”为理由，要挟清政府：

如果找外国人修建，就得由帝俄承包。

英俄双方争吵了一年多，也没有获得解决的办法。最后，英国向清政府提出：

长城以北的铁路不能由第三国承建。日本、美国、德国和我们大英帝国都属于第三国，如果你们中国自己修，这个问题就解决了。我们英俄两国之间也就没有什么争执的了。至于中国有没有工程师来修建京张铁路，那可就要看你们的了。

俄国方面也同意这个建议，说：

中国不属于第三国，如果是中国自己修建，我们沙皇陛下当然不会有意见。

英俄均认为，中国根本就没有能够修筑京张铁路的工程师。如果没有他们的帮助，中国是根本没办法动工的。即使动了工也必然会中途失败。到那时还得向他们求援。他们认为这给中国出了个很大的难题。于是，袁世凯顺水推舟当即宣布：

京张铁路全部由中国人自己修筑和经营。不用任何一个外国工程师，与他国无关。

到底派谁来主持修建铁路呢？后来，关内外铁路总办梁如浩向袁世凯推荐了詹天佑。梁如浩诚恳地向袁世凯推荐说：

詹天佑学问渊博，铁路工程是他在耶鲁大学所攻读的专业，回国后已在关内外、新易等铁路工程中干了17年，经验丰富。京张铁路是通往蒙古的重要通道，千万不能让列强染指，国人中能担负京张铁路重任的非他莫属，在下愿以身担保。

袁世凯在督办关外铁路中，对詹天佑快速修复关外铁路的才能十分欣赏，特别是詹天佑在4个月里赶修成新易铁路，使慈禧能如期赴西陵祭祖，为袁世凯脸上增光。对此，袁世凯荐举詹天佑由选用知府升职为选用道员。但是他担心京张铁路沿线地形复杂，不同于区区42.5千米的新易铁路，詹天佑能担此重任吗？听了梁如浩的举荐后，袁世凯决定起用詹天佑。

京张铁路是中国铁路史上第一条由中国人自己修建的重要铁路。各国的工程界都关注着主持这条铁路工程的人选和动工时间。由于建筑新易铁路的成功经验，袁世凯认为詹天佑有足够的经验和能力担负这项艰巨的工程。

1905年5月11日，袁世凯会同胡燏棻奏请清政府正式成立京张铁路总局，派陈昭常为总办，詹天佑为会办兼总工程师。京张铁路总局设在天津，在北京西城丰盛胡同设立分局，同时在北京设立工程局和材料厂，由詹天佑亲自负责。

在詹天佑出任京张铁路总工程师兼会办的消息传出后，有些人笑他自不量力，有些人骂他胆大妄为，还有些人说这不过是白花几个钱罢了。但是，这些蔑视和嘲笑都没有影响詹天佑的坚强信心，他决心用事实来证明自己。

詹天佑接受任务后，立即着手筹组工程局，所有工程师都由詹天佑量才调度。但是，在清政府的腐朽统治下，中国工程人员是很有限的。詹天佑并不因此而气馁，他相信依靠广大的工人、熟练的办事人员和他领导下的少数工程师是可以解决困难的。

工程局成立后，詹天佑怀着兴奋的心情，带了几个学生和他的工程队的一部分人员来北京开始测线。京张线的初测工作由詹天佑和他的学生张鸿诰、徐世远进行，他们从丰台以东京奉路柳村第六十号桥测量起，经过广安门西南门、清河、沙河直奔南口。他们迎着和煦的春风，敞开衣襟，在盛开的桃花树下，插下标杆，架起经纬仪器，非常愉快地工作着。

由北京往西走，沿途横阻着崇山峻岭，坡陡山高，每 30 米就要升高 1 米。其中的关沟地段最高，这个地方称作南口河谷。从南口到西拨子共长 20 千米，包括东园、居庸关、四桥、三堡、青龙桥、八达岭等高地，尤以八达岭为最高峰，这一带，尽是悬崖峭壁。

通过关沟地区的老龙背、蛇腰湾、鹞儿望、石壑子等处，坡度极陡，徒步尚且难行，火车就更难穿越了。于是，詹天佑就亲自爬到悬崖峭壁上定点制图。出了居庸关，景色全变了。塞外的风沙很大，詹天佑无论在何种恶劣的条件下，都始终精神饱满地坚持工作，在工程上，他从来不允许有一点儿含糊。

有一天傍晚，工程队正在悬崖峭壁上测量，狂风卷着漫天黄沙从西北刮来，刮得人睁不开眼睛。大家都着急想快点儿结束工作，因此就比较草率地写下了测得的数字。而詹天佑却冒着狂风，在这号称“天险”的岩壁上一手攀着岩石，一手握着仪器还在认真地进行测量。

别人劝他说,大致差不多就行了。詹天佑既和蔼又严肃地对大家说:“技术的第一要求是精密,不能有一点儿含糊和轻率。‘大概’‘差不多’这些词,永远不许出自工程人员之口。”

有时候,测量人员就要向新目标转移了,他又去再次测一遍已经测过的地方。这样做,难免会多用一些时间。有一次,一个青年人不耐烦地说:“您既然信不过我们,还让我们测量干什么呢?”

詹天佑亲切地回答说:“不是我不信任你们,科学工作,多一个人检查,就会少出点儿错误。我们的责任重大呀!”

许多技术人员都被他这种负责的精神所感动,所以以后就自动地一次又一次地复勘以矫正错误。居庸关一段初步定线以后,詹天佑率领工作人员立刻向西开展工作,直奔张家口。

由于关沟一带路陡山高,修这条路的工程量大,难度高,修成后通过能力低,运输量受到很大限制。于是,詹天佑觉得需要再测一条路线。就这样,在从张家口往回测的时候,他又设法寻找其他线路。詹天佑在紧张的选线测量工程中,经常勉励工作人员说:

全世界的眼睛都在望着我们,所以我们必须成功!

詹天佑回测的路线是经过怀来县、延庆州、小张家口，沿着热河至北京的大道，经得胜口过山，过明十三陵、黄土梁而到北京。这样就可以绕过关沟地带。但是路途绕远，坡度也不小，工程并不比前线简单。

詹天佑不怕艰苦劳累，又去勘察了第二条线路，这条线路由北京西直门，绕石景山，经三家店，沿永定河畔，走青石口，到沙城附近的猪河口出山，最后到达张家口。

詹天佑计划中的这条线路，主要沿永定河畔的峭壁修建，工程比关沟段还要艰难，但是这段路线的通过能力高，运输量大于关沟线数倍。所以，詹天佑想采用这条比较合理的线路，并且制订好了预算的工程计划。

然而，由于受清政府所批的款项和筑路时间的限制，采用这条线路不仅不能按时完工，而且经费也不足。詹天佑只好忍痛放弃了这条线，决定采用第一条线路施工。于是他又调配人员分别全面进行复勘定线，把全线分成三段：

> 第一段由丰台至南口，詹天佑自行插标，由副工程师陈西林、学生张鸿诰、徐世远等详细测量定线，靠近南门山麓地势高的部分，由副工程师俞人凤、柴俊畴测定。
>
> 第二段由南口至康庄。中间要经过关沟。由南口至八达岭虽仅10千米，但是高度都在600米左右，必须开凿长约1089米以上的隧道，由陈西林、张鸿诰勘测。八

达岭隧道的定线，派副工程师颜德庆、张鸿诰、苏以昭等负责。

第三段由康庄至张家口，由副工程师翟兆麟，学生刘锜、李鸿年、耿瑞芝，练习生吴廷叶、付菊樵等负责。

詹天佑在勘测以后，就将勘测的情形向清政府作了报告。在报告中，詹天佑科学地分析了修建京张铁路的价值，着重说明京张线的经济价值并对这条铁路未来的发展做了充分的估计。同时，又精打细算，节省了经费。

同年 6 月 8 日，詹天佑将修建京张铁路的办法，附上详细地图表说明送请袁世凯、胡燏棻审查批准。1905 年 7 月，全线勘测工作完成。

在复测中，詹天佑不管在何种恶劣的条件下，都始终精神饱满地工作着。他亲自率领工程人员，背着标杆、经纬仪在峭壁上定点、制图。塞外狂风飞卷、沙石满天，一不小心就有被卷入深谷的危险。但是，詹天佑始终坚持工作，他还想尽一切办法鼓励大家一起坚持工作。

在复测过程中，詹天佑既是技术高超的工程师，又是诲人不倦的导师，更是一个普通的测工。他对测量工作坚持高标准、严要求。他常对青年技术人员讲：

我们虽然已经定了基本的线路，但是具体的路线还要进行精密勘察。这是中国人自己修筑的第一条铁路，如果选不好，不仅会延长里程，提高造价，外国人还会耻笑我们。更重要的是，会使中国工程师今后失掉信心。所以，我们必须选好线路，认真完成它。

詹天佑为了寻找一条最好的线路，不仅多方搜求资料，还亲自访问当地的农民、樵夫、牧人并征求他们的意见。他常常骑着小毛驴在崎岖的山路上奔走，白天翻山越岭，晚上还要伏在油灯下绘图计算。

在詹天佑认真测量和周密而详细计划下的关沟段线路，比英国工程师金达所测的关沟段线路短了很多。詹天佑所测的线路，在隧道工程上，要减少了3000米，因此为国家节省了大量经费。

在京张铁路决定通过关沟段的消息传出后，那些目空一切的外国工程师纷纷断言：中国工程师绝不可能完成这种艰巨的工程。甚至还有人说：中国会修关沟段铁路的工程师还没诞生呢！

然而，詹天佑对这些冷嘲热讽不予理睬，因为他有充分的信心把这条铁路修好。

第一段路竣工通车

1905年秋,京张铁路工程破土动工。在詹天佑的指挥下,筑路大军浩浩荡荡地开到工地。当时,机器设备匮乏,别说挖掘机、轧路机,就连运输钢轨的车辆都没有,只能用小平车和人力车来克服困难。但大伙儿情绪高涨,筑路工地上一片热火朝天的景象。

詹天佑没有沿用把做好的路基风干一年的经验,大胆地一边筑路基,一边铺轨,节省了很多时间。在京张铁路轨距的选择上,詹天佑坚持使用1.435米的标准轨。他说,铁路像人体的血管一样,要能使血液流遍全身才行。

而当时中国铁路的状况是,不同国籍的工程师修路,就用不同国家的路轨制式,英美制、比法制、日本制、德国制、俄国制杂然并存。中国的路轨不统一,就便于帝国主义者的宰割。詹天佑坚定地说:

> 中国真正统一要从铁路的轨距统一开始。

1905年12月12日,詹天佑在大家的欢呼声中打下了第一颗道钉,京张铁路开始从丰台铺轨。恰巧就在这一天,京张铁路工程队的工程列车有一节车钩链子断了,造成出轨事故,影响了部分列车的运行,在没有什么机器设备的情况下,工人们费了好大劲儿,才使铁路恢复原状。

这本是一件普通的工作事故,却被那些不相信中国人自己能修铁路的洋奴们利用。他们大肆渲染,还造谣说,詹天佑钉道钉的第一天就翻了车,不是个好兆头,这条铁路不用外国人就是靠不住。

詹天佑对这些流言蜚语嗤之以鼻,但翻车之事提醒了他:修建铁路不仅要有坚固的路基和标准的轨距,还要使列车的车厢之间能够紧紧地联结在一起,特别是爬向高地或自高地下降,都必须十分安全。这一系列的安全措施,都要在中国人自己修建的第一条铁路上全部予以实现。

詹天佑说他不怕任何造谣,可怕的是不肯改正缺点。他还告诫自己,筑路工作才刚刚开始,困难也才刚刚开始。但无论遇到什么困难,都决不能放弃。后来,詹天佑发明了自动挂钩,使十几节车厢牢固地结合成一个整体。这种挂钩现在通用于全世界,人们称之为“詹天佑钩”。

京张铁路开工后,詹天佑和他的同事们费尽了心血,但他们的工作却常常受到各方面因素的阻碍。当京张铁路开始在清河镇的广宅坟院铺轨时,一大早,还没等动工,就有工人来向詹天佑报告:“工程师,不好了,今天不能开工了。”

詹天佑忙问:“为什么?”

“前面有人卧轨阻挡。”

“是什么人竟如此大胆？”

来人回答说：“是前任锦州道员广宅雇来的人。”

詹天佑到前边一看，果然有人卧轨耍赖，不让工人动工。于是，詹天佑亲自去见广宅。原来，广宅是恭亲王的亲戚，势力很大，他不想让铁路从坟边通过，所以仗势阻挠。

詹天佑见到广宅后诚恳地说：“大人，京张铁路已铺至此地，还望大人多多支持。”

广宅蛮横地说：“这是我家坟地，不许破坏，要不然惊动祖先怎么得了。”

詹天佑说：“大人，修建铁路是利国利民的好事，想必先人在九泉之下也会赞同。再说，政府会给您赔偿的。”

广宅干脆耍起赖来：“反正我是不允许从这过，你们赶快改道吧！”

詹天佑看广宅如此不通情理，非常气愤地说：“此处改道只能修大桥，浪费人力、财力，线路绝对不能改，难道您就不能舍弃一点儿自己的利益来成全国家吗？”

尽管詹天佑晓之以理，但广宅就是不让通过。后来恭亲王出洋考察时遇到刺客，吓得不问外事，广宅也失去了后台，才软下来，答应铁路可以从墓墙外修过去。路轨铺完后，广宅又提出要求，让工程局为他立碑纪念。

詹天佑断然拒绝说：“对这种无耻之徒，最好的答复就是不予理睬！”

正当詹天佑忙于第一段工程之际，1906年6月发生了清廷要调离詹天佑的事件。当时，两广总督岑春煊筹办粤汉铁路，以此路接京汉铁路为中国干路且工程浩大为由，请旨派詹天佑回粤办路。糊涂的清廷大概忘了一年前曾任命詹天佑为京张铁路会办兼总工程师的事，又批准詹天佑回广东就任。

詹天佑若调离，刚开工8个月的京张铁路由谁来接替？袁世凯又急又愁，忙上奏折《道员詹天佑请仍留京张路工片》致清廷：

> 查道员詹天佑，现充京张铁路总工程师兼会办局务，全路各事，皆该员一手经理。现该路甫经开办，工程浩繁，势难半途中止，必须先遴有接办之人，方可令该员赴粤。

袁世凯还说：

> 粤路固属重要，而京张一路，因有俄英两国成议在先，不能聘用洋员，又与粤路情形不同。经臣苦心规划，始得筹款自造，专用华员经理。詹天佑综理全工，乃该路必不可少之员，若遽令赴粤，一时无人接办，则该路即将中辍，与北方大局关系匪轻。惟有吁恳天恩，俯念京张路

工,较粤路尤为吃紧,准将詹天佑仍留办京张铁路。俟全路工竣,再行赴粤,庶于大局不致牵碍。

袁世凯的奏折,强调了京张铁路的重要性与特殊性,使清廷不得不收回成议。就这样,经袁世凯协调,后来改由邝景阳返粤任粤汉铁路总工程师,詹天佑得以继续留任修筑京张铁路,避免半途而废。京张铁路第一段修筑了不到一年时间,于1906年9月全部竣工通车。

第二段路顺利竣工

在庆祝一期铁路通车的锣鼓声中,由南口至岔道城的二期工程的紧张施工又开始了。主线最艰苦的关沟一带的隧道工程就在这里。詹天佑深知这一段是全路线成败的关键。自二期工程开工后,他就把总工程师的办公处搬到了工地,专心主持工作,并下定决心,不打通隧道,决不回家。

关沟这一段山高谷深,铁路通过这里时,低的地方要垫起来,山高处要凿隧道,首先要打通的是居庸关隧道。开凿隧道,不仅要有经验丰富的工程技术人员,还要有凿岩的挖掘机、通风机、抽水机等先进的机械设备。可当时,詹天佑手里一台这样的机器也没有,他唯一可以依靠的就是大家的智慧和双手。

一些外国工程师听说京张铁路要经过关沟一带，就都幸灾乐祸。英国工程师喀克斯说：

> 中国人简直是疯了，关沟一带如此险峻，只有外国工程师才有能力开凿。中国能在这里修铁路的工程师还没诞生呢！

京张铁路工程人员听后无不义愤填膺。詹天佑对此淡然一笑："喀克斯和外国人这回可能要失望了。因为我已等不到他们规定的时间而提前出世了！"

詹天佑在蔑视对手的同时并没有掉以轻心。他知道关沟一带是全路成败的关键。

居庸关山势陡险，詹天佑起初打算直线穿关而去，但这样就必须拆毁许多关内的民房。詹天佑想，这些山地居民大都世代居住在这里，以狩猎为生，并不富裕。若迫使他们搬到其他地方，他们很可能会因此而倾家荡产。

于是他对工友们说："我们不能因为图省事就不顾百姓的死活，只有体恤百姓，百姓才会支持我们，我们才能顺利完成任务，所以我决定不走直线，而是修建一座拱桥，横跨涧谷，绕远20多米开凿此隧道。"

工友们听了都赞叹地说："詹总工程师真是个体察民心的好人！"

詹天佑又说:“对于无理阻挠我们修建铁路的贪官污吏,我们是不能让步的。但我们绝不能伤害无辜百姓。”

山地居民知道这件事后,都十分感动。他们找到詹天佑,激动地说:“詹总工程师,我们真不知该如何感谢您。有什么需要的地方,尽管说,我们就是倾家荡产也心甘情愿呀!”

詹天佑笑着说:“会的。有困难时我会向各位求助的。”

为了加快工程进度,詹天佑指挥工人从隧道两端同时掘进。他在每端配备60名工人,其中40名掌钎抡锤,打出炮眼,填充炸药;另20名推车运土石。炮眼的位置、大小、深浅及装药多少,都由詹天佑亲自掌握。他还在陡峭的岩壁上爬上爬下,来往于两个工作面间巡视。那时,詹天佑已是近50岁的人了,看他精力充沛的样子还像个小伙子。

当隧道掘进到几十米深处时,山顶的泉水渗进了隧洞里。没有抽水的机器,洞里一片泥泞,工程一时无法进行,必须马上排水。于是,詹天佑带头挑起了水桶。工人们深受感动。詹天佑可是总工程师啊!此时他却和工人一起干活,大家的劲头上来了,积水很快排完了。

自居庸关隧道工程开工以来,西方的工程技术人员经常三五成群地结伴前来。他们以打猎为名,窥视工程的进展情况。他们不相信中国人能自己打通隧道,还在等着瞧詹天佑的笑话,这样,清政府又会去求他们了。

而几个帝国主义列强之间也在暗中伺机争夺隧道工程

的优先权。他们还不断向京张铁路工程兜售他们的机械设备。日本商人曾经上书督办铁路大臣袁世凯说：

> 京张铁路需要开凿山洞1829米，而中国的工程技术人员能凿隧道的极少，工人又没有经验，如果仅仅靠人工来开凿此项工程，我认为很难完成。

因此，日本商人建议袁世凯仿用日本修建铁路的办法，用机器开凿隧道，并聘请日本技师和钻工指导中国人开凿隧道。日本人的建议既是招揽工程谋取利益，同时也是对中国工程技术人员的蔑视。

金达曾经到居庸关对詹天佑说：

> 这里地质复杂，开工很困难。估计开通京张铁路需要700万两白银。中国不能担负开凿山洞的工程，因为中国没有通风机和抽水机，最好雇日本人，日本人不但有通风机和抽水机，而且价格比其他外商都便宜，我可以找他们来承揽这一工程……

詹天佑坚决拒绝了他的建议。奥地利领事得悉唐山厂不能生产铁路车辆后，就跑来推销匈牙利的产品，被詹天佑一口回绝。他说：

如果唐山厂不能替京张铁路制造车辆的话，我们会去天津各厂家购买。我们决不会找你，也不会找其他厂家，唯一的办法是去我们自己的工厂买。

奥地利领事只得悻悻地走了。但外国人并不甘心，他们认为詹天佑这么固执，大概是没有得到什么好处吧！因为外国人和当时的官员接触得很多，发现很多中国官员表面上一身正气，私下却贪得无厌，经常干些损公肥私的勾当。于是，他们就派一个中国人到詹天佑这里来打通关节。

这一天夜晚，一个贼头贼脑的男子敲开了詹天佑的家门。一开始，这名男子说有几个问题要请教詹天佑。詹天佑心里很高兴，因为当时能够谈论工程进展的人不是很多，詹天佑很想找人切磋切磋，听取一些有用的意见。现在有人主动找上门来，詹天佑当然十分欢迎。

于是，詹天佑热情地招待了客人。但是，他很快发现来人根本不懂修筑铁路的技术，对一些问题的看法也十分肤浅。詹天佑心里有些不悦，但当着客人的面，他也不好说些什么。

没过多久，那名男子终于忍耐不住了。他低声说："詹大人，这是匈牙利国的一点儿心意，请收下。"说罢，他取出一袋白花花的银圆来。

詹天佑一看，立即明白了这是怎么回事，他的脸色顿时变得铁青："你不用说了。"

那名男子以为詹天佑嫌钱少，仍然厚着脸皮说："大人，您放心，事成之后，还有更多的银圆送来。这样，对咱们双方都有好处。"

詹天佑气得浑身发抖："你走吧！这里不欢迎你。"说罢，摆出送客的姿势。

那个男子非常狼狈："好，我走，我走。"

带着敬畏的表情，那个男子悻悻地出了詹家的门。刚走到门口，就听见声音从屋里传出来："拿回去！"说完，詹天佑将一袋银圆扔到门外。

送礼的男子只得仓皇离开詹家。一计不成，外国人又生一计。他们时时刻刻打探詹天佑的消息。又有一天，他们打听到詹天佑出差要好几天才能回家，认为机会又来了。他们又派了一个人来到詹家。来人自称是詹天佑的朋友，听说詹天佑工作繁忙，顺路来看看他。

詹夫人热情地接待了他。来人在屋里走了走，看到詹家简陋，禁不住叹息说："你们怎么能过这种生活，好歹也是一个出过洋在朝廷做官的人，这不是太失身份了吗？"

"你有所不知，天佑虽为朝廷官员，可官俸并不多。再加上要养活一家老小，所以……"

来人听到这话，顺势说："詹家日子过得真是艰难。兄嫂，您也不要着急。詹兄曾经有恩于我，这点儿银子你收下吧！"说着，已经掏出一大卷银票。

詹夫人刚要拒绝，来人已经一阵烟似的跑了，詹夫人也没能追得上。过了几天，詹天佑出差回来，听詹夫人讲了这件事，非常生气：“你好糊涂啊！我哪里有这样的朋友，还不是为了修铁路的事。他们这样做是想贿赂我，陷我于不义。你怎么还能收下他们的银票呢？不行，我得赶紧把银票送回去。”

根据夫人的描绘，詹天佑连夜去各个地方询问、查找送银票的人。但是，种种努力都毫无结果。没有办法，詹天佑只好贴出了一纸告示，内容是：

送银票者限期拿回，否则，银票充公。

没过多久，送银票的人只好乖乖现身，取回银票。詹天佑拒绝贿赂的事一下子在当时被传为美谈。人们纷纷赞扬他高尚的人格，他却说：“这是很正常的事。我做了该做的事，为什么还能得到夸奖？这说明这个社会本身就不太正常。”

詹天佑以受贿为耻，后来又多次拒绝诱惑，赢得了众人的普遍敬重。1908 年 4 月，居庸关隧道打通了。隧道两头的工人们会师了，大家拥抱在一起，高兴得唱呀跳呀，他们由衷地敬佩、爱戴他们的詹总工程师。

隧道工程开工的这段时间里，詹总工程师一直没有离开过工地，他和工人们一起劳动、生活。现在居庸关隧道打通了，他还在为尚未完工的八达岭隧道工程操心。

八达岭是关沟一带最高的山峰。这里的地层几乎都是坚硬的花岗岩，由于风化作用，表层呈红色，又被称为“赤岭”。前人曾在这里题有“天险”二字，古书上说，居庸之险不在居庸关，而在八达岭。可见它的险要。

八达岭隧道长1091米，是居庸关隧道长度的三倍。詹天佑根据八达岭隧道的具体情况，决定用中距凿井的办法。所谓中距凿井法，就是在隧道的中部开凿一口大井，垂直下去，分别向两边对凿。这样，加上两头的两个工作面，一共是四个工作面一起作业，施工速度大大加快。

竖井边沿上安有辘轳，接送工人上下，运出土石。竖井很深，井中的二氧化碳很浓，直接影响工人的健康。詹天佑发觉后，马上指挥安装了鼓风机，并且安接铁管到井下，给工人供给新鲜空气。

为了保障将来养路工人在隧道中检测的安全，詹天佑还细心地在隧道里设计了避险洞和通风楼，这样，一旦有火车通过，养路工人可以暂时躲到避险洞里，以免发生危险。同时，新鲜空气还会经过通风楼，源源不断地输进洞里。

詹天佑对工人的关心远不止这些。虽然詹天佑当时是清朝的官员，可是他平易近人，没有一点儿官员的架子。修路期间，詹天佑坚持和工人们一样，住在工地的工棚里。铁路修到哪里，他就带着家人住在哪里。助手说工棚条件艰苦，劝他搬到城里居住，詹天佑却说：“我怎么能搞特殊呢？虽然我是建设铁路的总指挥,可是离开了工人们,我什么事也办不成。我不能离开他们。”

更让人惊讶的是,詹天佑一家的生活条件也非常简陋。他们连固定的床都没有,一家人要躺在吊床上休息。对此,詹天佑并没有感到有什么不适,相反,他对下属说:“睡吊床也挺好的。我要经常搬家,吊床搬起来非常方便。”

因为住的是工棚,而工棚又连成一片,因此要特别注意防火。每天晚上,詹天佑都要去工地巡视一番,直到确定没有安全隐患,才最后一个回家睡觉。

有一天深夜,詹天佑又来到工棚。工人们都睡熟了,詹天佑看到他们酣然入睡的情景,心里十分感慨:工人们实在是太辛苦了!突然,詹天佑发现一个工人光着身子睡觉,原来他的被子在翻身时不小心掉了。因为睡得很熟,那个工人一点儿也没觉察到。詹天佑怕他着凉,拾起被子,轻轻地给他盖上。工人大概觉察到了有什么动静,从睡梦中惊醒。看到詹天佑就在自己身边,他简直不敢相信自己的眼睛。他用疑惑的眼神望着詹天佑,又看看自己身上的被子,突然明白了一切。他正想说出感激的话,詹天佑做了一个别出声的手势,示意他好好休息。工人睡下了,心里却久久不能平静。

第二天,修路工人都知道了詹天佑为工友盖被子的事,大家深深地被詹天佑的人格修养所折服。一个老工人说:“詹大人真是个好人呀,他对我们这些地位低下的人这么关心,我们就更要好好工作,把铁路修好。”

在詹天佑和工人们的努力下,1908 年 5 月,这条世界知名的八达岭隧道全部打通了。八达岭隧道工程告竣,又一次成为震撼国内外铁路界的事情,许多外国工程师纷纷前来参观,清政府邮传部的官员及各省政府的大员也都慕名而来。

詹天佑亲自陪着各方来客察访工程现场,对大家提的各种问题亲自解答。朝野对詹天佑顺利推进京张铁路建设给予了高度肯定,为此,邮传部奏请慈禧太后和光绪皇帝,提拔詹天佑为邮传部二等顾问官,加二品衔,任邮传部参议厅行走,同时兼任京张铁路总办及总工程师。

职位的升迁对詹天佑来说,当然是非常荣幸的事情,得知这个消息后,他与身边几位亲近的同事小聚了一下,就动身到邮传部拜谢去了。

当时正在兴建的津浦铁路也聘请詹天佑为参议;商办四川省川汉铁路向邮传部提出来,要聘詹天佑为总工程师,甚至四川省的总督也给慈禧太后和光绪皇帝上书,指定要求詹天佑亲往任职。

但是,詹天佑的主要精力还是放在京张铁路上,他深知京张铁路已到最后关头,由他一手筹划的这条具有特殊意义的铁路确实离不开他,他也知道四川官商对他的诚恳请求和期待。为此,他不得不派自己的得力助手颜德庆前往宜昌,任川汉铁路副总工程师,自己亲任总工程师在京坐镇遥控指挥。

前往山东勘察选址

在第二期工程进行时，第三期由岔道城到张家口的工程也开工了。这时火车已通到怀来县。怀来河大铁桥是京张铁路中最长的桥梁，是用30.5米长的七座钢梁架成的。在第二期工程中，詹天佑用骡车将钢梁分别运到怀来河工地，焊钉成桥，因而没有耽误全路的铺轨工作。

在第三期工程中，从岔道城往北经过康庄、怀来、沙城、下花园等处都及时地修建了车站，由于各地地势较平，施工比较容易。然而从下花园到鸡鸣山矿区这一段，虽然路程仅2千米左右，但必须沿山铺筑路基，施工非常困难。詹天佑面对困难毫不畏惧，经过艰苦的努力，困难最终被一一克服。

在第二、第三期工程中，由于山岭和河流极多，因而需要建筑许多桥梁。可是，钢桥的成本极高，京张铁路所需的钢材全是靠外国进口的，不但价格昂贵，而且来货时间又长，詹天佑就尽量利用我国自造的水泥和石料建成桥来替代钢桥。这些桥不但坚固，而且耐用。

詹天佑常和工人们说："这条路若给美国人来修建，这些桥梁就必须全是钢桥了。美国公司又会乘机做一笔大生意了。"他还说："铁路的资本，工程上要占大部分，假设完全由外国人来承修,所花的钱必多。”

从这里就可以看出詹天佑有着善于因地制宜、就地取材,严肃负责地使用国家资金的优良作风。

1908年,对于中国来说,是非常多事的一年,詹天佑虽然潜心修筑铁路,但是作为一名朝廷官员,许多事他并不能置身于事外。这年的11月14日、15日,光绪皇帝与慈禧太后相继去世,慈禧遗命,立醇亲王载沣之子溥仪为光绪帝之嗣,继承帝位,这就是宣统皇帝,醇亲王载沣任摄政王,代理清廷朝政。

光绪和慈禧的相继去世在朝野引起了一片恐慌,有些长期不得志的士绅甚至还为此而庆幸,有些保守的官员则对时局表示担忧。詹天佑对此也有所耳闻,但是作为一名铁路工程师,从内心讲,他不希望国家因此而产生动乱。

作为邮传部的路务议员,詹天佑必须参加光绪与慈禧的葬礼。不过,由于王公大臣太多,朝中大员和封疆大吏都列班排队,詹天佑当时的身份在朝中还只是个中层官僚,他只能排在祭拜队伍的末班。

所有人都神色凝重,向着光绪和慈禧的御棺叩首。对于慈禧与光绪,詹天佑平时并不能见到,只是那次在新易铁路上受赏时才见过一次,而皇帝批承的与詹天佑有关的奏折却是不少。詹天佑当然不能忘记,食君之俸,谋君之事,对光绪和慈禧的去世,他心中免不了有几分失落。

12月2日,是新皇帝溥仪登基的日子。紫禁城森严肃穆。

那一天，天气有些寒凉，3岁的溥仪在他父亲醇亲王载沣的守护下，接受满朝文武的跪拜。可是这种登基仪式既冗长，又拖沓沉闷，一个3岁的孩子坐在又高又大的宝座上，好奇地望着穿着官袍、戴着花翎顶戴的官员们。

溥仪开始是感到好奇，时间一长就坐不住了。跪在他身边的父亲载沣则想着办法安抚他。

溥仪带着童音说："我要回家，我要回家。"

载沣紧张地、轻缓地安抚他说："别哭，别哭，快完了，快完了。"

新皇帝与载沣的这段对话迅速在百官中流传开了。刚刚送走皇太后、皇上，现在又听到尚在童蒙的新皇帝哭闹，大家的心中都不是滋味，特别是旧时官员都怕一语成谶，这"快完了"是什么意思？是大清国的皇权，还是大清国的江山？人们不敢往深处想，在新皇帝登基的第一天，这种声音从皇帝的宝座上发出，不得不让人产生许多联想。

有人出宫后摇了摇头，詹天佑看在眼中，内心也是非常沉重。想到从美国留学回国后，亲历的桩桩往事，想到福州的马尾海战，想到八国联军占领北京，想到从英俄守军手中接收关内外铁路的情景，又想到近来盛传的南方革命党的事，詹天佑无法不为中国的前途感到担忧。

回到京张铁路的工地，詹天佑则显得充实而且干劲十足，因为与工程打交道比与人打交道要简单许多。邝景阳被派往广州任粤汉铁路总工程师，颜德庆被派往宜昌任川汉铁路副总工程师，这两个人曾是他在京张铁路上最得力的助手，现在离开了，詹天佑的工作量无疑加大了许多。

正当詹天佑在京张铁路抓紧推进后期工程时，他又接到邮传部的命令，要他以津浦铁路参议、邮传部顾问的身份前往山东，审定津浦铁路黄河铁路大桥的选址与工程设计、经费预算等问题。

这主要是山东省官员受到卢汉铁路河南郑州黄河大桥问题的启发，希望不要重蹈郑州黄河大桥的覆辙：桥修好了没多久就出问题，再请詹天佑过去勘察。因此，津浦铁路的黄河大桥一定要在开工修建前就请詹天佑来把关。

津浦铁路是清政府向德国、英国两国借款修筑的，1908年7月开始，从南北两个方向同时开工兴建，北段从天津到山东韩庄，由德国公司修建。

位于济南城北面的黄河大桥，是这一段铁路工程中最为关键的工程，对于建桥的选址，德国公司与山东省的官绅分别提出了不同意见，一直争执不下。为此，詹天佑受命前往山东解决此问题。

对于济南黄河大桥的选址，詹天佑一到山东就采取了与河南郑州黄河大桥不同的工作方法。因为郑州的黄河大桥当时已经建成，所以詹天佑是先实地考察，再向当地官商及负责工程设计的外国工程师了解情况，最后再实地勘测，写出调查报告给当地官商参考。

济南黄河大桥因为尚在设计阶段,因此,詹天佑首先到济南与当地官绅及德国工程师分别见面,了解双方争议的关键所在。山东巡抚袁树勋与詹天佑会见时,对詹天佑说:

> 詹大人,德国工程师设计了三条线路,本省官绅都不满意,认为铁路桥架设在黄河上,修筑桥墩会阻塞河道,因而提出要改动德国工程师设计的一些桥墩位,此其一;其二,因为听说河南郑州黄河大桥的比利时工程师在建桥时,向河中填抛了许多石块,这使得河水改道,影响河岸的修护,为此,特请您前来把关。

詹天佑接过袁树勋递给他的德国工程师设计的三张图纸,认真地看了很久,他指着中间的一个改动的桥墩问:

> 这个桥墩是谁改动的?

袁树勋回答说:"是我们的河道官员提出来的。"詹天佑说:

> 这样改动是不对的,还是原来的设计更科学一些。我看了这三份图纸,认为改动的地方并不正确,从设计图来看,原来设计的桥梁修造方案更科学一些。事实上,已

经考虑了桥梁对河道的影响。

袁树勋说:“这样看来,德国工程师的设计不会有问题吗?”詹天佑回答说:

我们搞工程技术的最讲究客观实际,估计德国公司在事前已考虑你们不会放心他们的设计,所以,这个设计图他们是做足了功夫的。我认为还是原来的设计更科学一些。

就这三处选址图来说,第一个图建墩过多,对桥好,但是不利于河水流动;第二个图对桥和河都没有益处;第三个图,是加宽桥孔,对工程没有什么妨碍,我认为这第三个图是可以用的。不过,现在看起来,这样的设计虽然不影响河道,但桥梁一旦建成,如果黄河涨水,还是会影响河道的。为此,建议建桥一方拨付数十万两银用于河岸加固。

袁树勋说:

既然这样,我明天就把德国工程师和河道官员请来,你们一起到现场去勘测。另外,对于这些德国工程师所做的预算我们也不放心,听说很多地方的外国工程师

在工程质量上可能还不至于出问题,但是往往会在预算方面夸大数额,以为大清国的银子是肥肉,谁都想借机咬一口。

詹天佑一听,笑了,说:“这个没有问题,明天勘测完后,我就为大人做一个关于黄河大桥的预算表。”

第二天,詹天佑与德国工程师和山东省治河的官员刘道台一起察看了德国工程师设计的选址现场。詹天佑指着图纸对德国工程师说:“贵公司提供的这个设计是比较科学的,我认为可行。”

詹天佑的这句话让德国工程师大感意外,他本来以为詹天佑会赞成山东省官员的意见,要求改变设计图。于是,他握着詹天佑的手说:“早就听说詹工程师是一位严谨、客观公正的工程师,您能对我们的设计表示肯定,我们真的非常高兴。”

詹天佑说:“谢谢。不过我要指出的是,你图纸上标出的预算标准确实是高了一些,根据当前的市场价位,你们有些材料的购买价真是高了许多。”

德国工程师有些脸红,说:“这方面,我们会认真核实,然后做一个更客观的预算请您审定。”

詹天佑指着图表向德国工程师讲述了多种材料当前的市场价位,德国工程师连连点头。刘道台见詹天佑与德国工程师谈得那么投机,心中有些不快,他以为詹天佑可能与德国工程师早就认识,要不怎么会这么熟络呢?难道詹天佑是在帮德国人吗?

以刘道台的认知,他平时碰到不少帮外国人说话的清政府官员,这些人往往借外国人以自重,或者接受外国人的好处,损害本国利益。以此类推,很难排除詹天佑会从德国人那里获得好处的嫌疑。

刘道台正这样想着,詹天佑一抬头,看到刘道台板着的面孔,这才醒悟过来,冷落了这位刘道台。詹天佑转身对他说:"刘大人,我给你看一样东西。"他边说边从衣袖里拿出一张发了黄的图纸来。

刘道台接过一看,这不是十年前的黄河地图吗?山东段的黄河河道清晰可见。刘道台惊讶地问:"詹大人,您从哪里得到这张地图的?我都没有这张地图!"詹天佑说:

> 昨天,我拜见过袁巡抚后,上街看看,发现在巡抚衙门不远处有一个古旧书摊,在那个书摊上看到了这张地图。本来我已对袁大人说过我对德国工程师设计图纸的看法,昨天晚上再一核对这张图纸,发现还是德国工程师原来设计的方案更科学一些,这更坚定了我当初的看法。

刘道台问:"有何说法吗?"詹天佑说:

当然有说法了。你看这图纸,近十年来黄河改道并不大,这说明黄河济南段的河道是相对稳定的。德国工程师的设计也考虑到桥梁对河道的影响,如果按你提出来的,将一个桥墩设在河道中间,问题可能更严重。因此,我建议桥梁工程还是以德国工程师设计的为依据。当然,要在一些配套措施方面对德方提出一些要求,比如对于修桥过程给河道造成的损失,铁路方面应给河道方面一些补偿。同时,对于建桥的材料、质量、价格方面还要进行一些修正。

刘道台最后放心地说:"詹大人是大清国最有名的铁路工程师,既然您这样分析,我们山东官商当然也就吃了一颗定心丸啊!"

詹天佑说:"现在最重要的就是要求德国公司在保证质量的前提下将浮出的价格降到合理程度。"

德国工程师说:"这个您放心,我们会做到的。"

后来,德国工程师将造价预算做了更新,基本达到了合理的要求。就这样,黄河济南段终于顺利建成通车。事实证明,该桥确实要优于郑州黄河大桥。

京张铁路全线通车

詹天佑处理完山东黄河大桥的问题后，迅速回到了北京。此时，北京下了一场大雪，漫山遍野都是积雪，京张铁路工程不得不暂时停工。

平则门附近的河道上结了一层厚厚的冰，于是，詹天佑带着一家人到河道上滑冰嬉戏。好久没有这样一家人在一起玩了，3岁的儿子缠着他到岸边的雪地里堆雪人。

正在大家尽兴的时候，突然，妻子谭菊珍的脸色显得有些苍白，偶尔还有一阵轻微的咳嗽。詹天佑走过去扶住她，对她说："菊珍，你的脸色怎么这么难看？"

谭菊珍说："我只感到眼前一片黑，可能是气血方面的问题，平时偶尔也会有这种情况，但是过一会儿就会好的。"

詹天佑担心地问道："你平时也有这种情况吗？怎么从来没有听你说过？"

这时，女儿顺容拉着弟弟走过来说："父亲，平时你在家的时间总是那么少，母亲这种情况你自然是见不到了，你在家时，难道母亲会专门对你讲呀？"

大女儿的话中似乎透露出些许不满。这时，谭菊珍说："顺容，你怎么能这样对你父亲说话？"

顺容说:“事实就是这样嘛!”

詹天佑自责地说:“菊珍,顺容说的是事实,我平时对你确实关心太少了。我们现在回家,在京城,我有一些好友,请他们帮忙找医生给你看看。”

回到家后,詹天佑给关冕钧打了一个电话,告知他需要请一位医生给自己的妻子看病。一位老中医很快就被请到了詹天佑的家里。当时,谭菊珍躺在床上休息,偶尔咳嗽几声。

老中医给谭菊珍把了脉,看到谭菊珍咳出的痰中有一些血丝,告诉詹天佑:“夫人可能是有肺病,我给她开一些中药,需要慢慢调理。”

詹天佑没有想到妻子会患上这种慢性病,他一听,知道问题应该是较为严重的,看着妻子,心中顿时产生了许多愧意。老中医当场开出药方交给詹天佑。詹天佑看了看,有些药名能看懂,有些看不懂,但当他看到其中有一味是鸦片时,感到有些不解,便问老中医:“这方药中有鸦片,可是鸦片是禁品,不是说鸦片会上瘾吗?能不能将鸦片换成其他药呢?”

老中医回答说:“您可能误会了,鸦片当毒品吸食肯定不行,但是鸦片入药是允许的,一般也不会成瘾。”

詹天佑惭愧地说:“这真是隔行如隔山,既然您认为可行,那就按您的意见办。”

詹天佑拿着老中医开的药方亲自到附近的药店抓药,然后让顺容帮忙熬制。他还亲自端着药,看着妻子喝下去。

大雪之后，天气很快放晴，詹天佑立即坐火车赶到工地。在八达岭背阴的工地上看到工人们在阴冷的北风中劳作，他心疼极了。于是，他让包工头把工人们带到向阳的工地干活。就这样，他又和大家一起开始了工地的生活，他的做法大大鼓舞了工人们的干劲。

然而，事情总是越来越多，作为中国铁路总公司的顾问，粤汉铁路的邝景阳、川汉铁路的颜德庆每有疑问都要写信或发电报给詹天佑，江浙一带的许多铁路事宜也要向他请教。

1909 年春季，沪杭线的沪嘉铁路建成了，詹天佑受命南下，对上海至嘉兴的铁路进行全线勘验。他在当地官员和铁路工程师的陪同下，认真察看和勘验了全线，对每一处数据都进行了核实，然后郑重地在验收报告上写下“工坚料实，建筑合度”的评语。这条铁路在当年 5 月举行了通车典礼。

对于詹天佑来说，不管何处的铁路，也不管是哪一国的工程师修建的，只要质量可靠，他都会给予客观的肯定。也正是有了詹天佑这样知名的中国铁路工程师，一些南方铁路线路的外国工程师才不会在工程质量或预算费用方面做得太离谱。

1909 年 7 月 4 日，京张铁路的路轨终于铺到了终点站张家口，这意味着京张铁路全线贯通。詹天佑非常高兴，带着路工们继续完善沿线各方面的设施，包括沿铁路线栽种树木。

陈西林问他：“詹工程师，我们修铁路，火车通了就行，为

什么还要在道路两边种上树木呢？我想您既然这样设计，一定有其中的道理，您能指教一下吗？”于是，詹天佑耐心地回答说：

你这样问就对了，作为工程技术人员，看到别人做的事情，首先就应该想到，肯定会有别人的道理。其实铁路两旁种树，这在各国都是流行的做法，数十年前我在美国坐火车时，看到铁路两旁也都种了很多树。后来回国，我有机会修铁路了，就琢磨种树的问题。

在铁路边种树有五个好处：一是美化铁路两边的环境，你想，坐在火车上看着两旁绿树成荫，心情总会愉快一些；二是可以用作夏季降温，火车在高大的树荫间行走，总比完全暴晒在阳光里要好，而且火车排出的二氧化碳可以被两旁的树木吸收，这些树木又会排出新鲜氧气给人呼吸；三是树木根系深入土壤之中，能够使两旁路基更加稳固；四是铁路两旁种树，长成的优质木材可以用作枕木、修桥、做家具等，还可以把那些干枯的枝叶用作火车的机车和引火燃料；五是树木长大后，砍伐更新时可以卖给商家，这样可以增加铁路养护的收益。

陈西林用十分崇拜的眼神，赞赏地说：“学生平时总认为大人只是一个铁路工程师，没想到大人对种树还有这么多看法。”詹天佑说：

> 作为铁路工程师，单知道测量线路和设计线路是远远不够的。一个工程师必须具备多方面的素质，其中最重要的就是要懂得从别人那里学习东西。其实任何人都是这样，甚至一个国家也是如此。我一直在琢磨日本这个国家，我觉得这个国家就是一个非常善于放下身段向别国学习的国家，我们大清国要是大家都能有这样的思想就好了。很可惜，不少人整天陶醉于我国的地大物博，认为不需要学习别国，就是到了现在，这样的人还是不少。有一些人口头表示愿意学习别国，事实上根本不会诚心放下身段学习别国所长。
>
> 铁路工程师其实要具备很多素质，比如说我们在南口设立机车厂，有铸、锤、锅炉、模型、打磨、修理、油车等多个分厂，其实这些都是将来京张铁路维护所必备的设施，我们作为工程师，提前考虑到了，后来的人就会事半功倍。

陈西林听了詹天佑的话后，有所领悟，他说：“有不少铁路工程师以为把铁路修通了就完事了，其实那只是铁路营运的一个新阶段的开始。”

詹天佑说：“你这样认为就对了。活到老，学到老。我们铁路工程师永远都在不断地思考和学习的过程中。”

1909年7月,京张铁路全部竣工。这项工程原计划要6年完成,詹天佑和工人们只用了4年的时间,而且比预算节约了28万两银子。后来,詹天佑及时把铁路已经铺设到张家口的消息报告给了邮传部。

9月19日,邮传部尚书徐世昌,侍郎沈云沛、汪大燮等人在总办兼总工程师詹天佑、会办关冕钧的陪同下,从北京坐车一路验收,直到张家口。然后,在张家口举行了茶话会。张家口的各方面官绅都参加了茶话会,庆祝铁路通到张家口。

徐世昌是袁世凯的支持者,与袁世凯交好,曾任东北三省总督。袁世凯在慈禧太后去世后,被摄政王载沣罢黜,徐世昌也因此受到了影响,自请病退。但摄政王为了稳定人心,没有同意他全退,而是把他调任邮传部任尚书、津浦铁路督办。

徐世昌对袁世凯多次举荐詹天佑这层关系是了解的,也深知袁世凯奏建京张铁路的原因,加上詹天佑在铁路建设方面的影响,他看到京张铁路穿山过岭,不仅行车平稳,而且绿化也搞得相当不错,列车行进在崇山峻岭之间,让人感到非常惬意,因此他一路上对詹天佑赞不绝口。

在张家口的庆祝茶话会上,徐世昌向前来参加庆祝活动的当地官绅发表了长篇讲话,接着各方宾客纷纷发表演说,他们都对京张铁路的开通给予了高度评价。

詹天佑本来想讲一些感谢的话,但许多话都被他人讲了，他一时百感涌上心头。对于京张铁路修筑过程中的艰难，作为总工程师，他比任何人都体会得深刻一些，从一开始袁世凯把这个任务交给他时，就对他能否承担如此巨大的工程曾产生过怀疑，到外国工程师在国内外制造舆论进行攻击，再到施工现场许多现实的困难，他都一一承受。

他曾对友人说，对于京张铁路之难，开始自己甚至不敢向同事说明，怕打击大家的信心，现在终于建成通车了，心中的喜悦当然难以言表。因此，在茶话会上，他没有讲话，而是起身向全场的人深深鞠了一躬。

5 天后，也就是 9 月 24 日，从北京到张家口的列车全线试运行。京张铁路除了主线外，还有两条支线：

> 一条是从京城西直门，经五路、石景山到门头沟，长 26 千米，称为京门支线；另一条是从上花园到鸡鸣山煤矿的支线，线路较短，全长 2.5 千米。

这两条支线都是运煤专线，也都提前通车。

修建京张铁路最困难的一段是南口至青龙桥关沟段，关沟段穿越军都山，最大坡度为 33‰，曲径半径 182.5 米。在这里，詹天佑匠心独具地设计了“人”字形轨道，大大缓和了铁轨的倾斜度。列车行驶到这里时，用两个大马力的机车，一个在前面拉，一个在后边推，整个列车缓缓爬上山顶，这是詹天佑的一大创造。

参加铁路通车大典

1909年10月2日，是京张铁路举行通车大典的日子。早晨8点30分，一列长长的火车，满载穿着节日盛装的人们，平稳地开出西直门火车站，向南口镇驶去。

一路上，大家一边观赏秋天北京郊外的美丽景色，一边兴高采烈地议论着，互相祝贺中国人自己修筑的第一条铁路全线通车。一位来自张家口的客人兴奋地说：

过去我从北京回趟家，只能坐小驴车，要在路上颠簸五六天呢！若遇上雨雪天，干脆只能滞留在客栈里。现在好了，乘火车又快又安全，只一天就够了，我也用不着担心刮风下雪的坏天气了。

一位商人模样的人接口说：

可不是！过去用骆驼运货，一担要花一两二钱银子，有时还得额外付钱给脚夫。现在好了，火车运货，一担只收二钱五，也快了许多。不瞒你们说，这几天我已经来回好几趟了。

大伙儿都笑起来，七嘴八舌地说："你可捞了个便宜，发财的机会你是从不放过呀！"

原来，京张铁路胜利建成后，邮传部极为高兴。为了庆祝中国人自己修筑的第一条铁路通车，邮传部特批准从9月10日起到9月底，自丰台到张家口一线，来往的旅客商人，不论从哪站上车，一律免费，就连运货也不收钱。大伙儿在善意地取笑商人的精明。

铁路两旁，一群农民正在地里忙着收割庄稼。火车的轰鸣声使他们都停住了手里的活计，直起身来看这个奔驰的庞然大物。在列车后部的一节车厢里，坐满了身穿礼服的洋人。这里的气氛显得有些沉闷，不同国籍的外交官、工程师们互相礼貌地打过招呼后，便把头转向了车窗外，仿佛都在专心地欣赏着迷人的风景。

金达坐在靠窗的座位上，眼睛紧盯着窗外，不时地掏出怀表，计算着时间。早在京张铁路动工之前，金达就曾偷偷带人勘察过这条路线，因为英国早就有心要控制这条通往蒙古的通道了。而在铁路修筑过程中，他也多次来这里"打猎"，窥探工程进展的情况。

金达曾想当然地认为自己是京张铁路的总工程师，没有他，中国人自己肯定修筑不了这条铁路。现在坐在车厢里，他不得不为中国人的能力所折服。一切都设计得那么合理，施工质量也无可挑剔。他不禁有些嫉妒詹天佑了。

坐在车厢另一端的俄国公司的代表，悠闲地玩着手里的烟斗，心里却在暗暗思忖着：

> 这条铁路的收益一定不少。刚才过去的那辆货车，堆满了蒙古来的皮货和土产，如果一天货运大约可进5000两银子，一年就是……只可惜没能说服中国从俄国借款。不过，好在英国从中也没捞到什么好处。

车越往北走，山越高。峭立的岩石，风驰般地从眼前掠过。柿子树的枝叶迎风摇曳，枝头硕大的柿子已经半熟了。为了满足中外来宾的游兴，观礼专车每到一站，都要停一会儿，让乘客们尽情欣赏沿途的风光。

9点45分，列车驶进南口站。这天，南口车站前张灯结彩，搭起了高大的牌楼。会场四周插满了清政府的龙旗，人们喜气洋洋，从四面八方赶来参加这一盛典，一向冷清的南口镇顿时热闹起来。

在典礼上，中外来宾都对詹天佑表示异常钦佩。他们都要求詹天佑给大家讲讲此刻的心情。但是詹天佑一向不善言辞，一再推辞，最后盛情难却，只好上台讲了几句。他说：

> 这条铁路，在开始修筑的时候，大家都觉得没有把握，可是今天终于通车了。这是京张铁路一万多员工的

力量,不是我个人的功劳,光荣是属于大家的。

看到詹天佑这样谦虚,这样高度评价工人和技术人员的贡献,而不炫耀自己的功劳,全场响起了雷鸣般的掌声。天气虽然有些凉意,但詹天佑讲完话时,头上却冒出一些汗来。

在回程的列车上,梁如浩问詹天佑:“京张铁路有许多困难,您认为最难的事是什么?”詹天佑笑着说:

说实在话,京张铁路开工4年来,我认为最难的事就是刚才的演说,其实我根本不知道在这种场合应该讲什么。要说感谢的话吧,现场方方面面的人,有一方没有讲到就把别人得罪了。摆困难吧,其实也没有必要,对中国人修这条铁路的疑问,一开始就在朝野和中外各界有各种传言,大家都知道。说自豪吧,更没有必要自吹自擂。所以,作为总工程师,我只好临时挤牙膏一样挤了那么几句。怎么样,我没有讲错话吧?

梁如浩回答说:“您除了专业问题,平时说话总是那么惜字如金,当然不会错了,我认为您今天这样讲确实恰到好处。”

詹天佑说:“当初我在考虑八达岭隧道工程问题时都没有今天这么紧张。”

梁如浩笑着说:“这也许正是您能这么出色完成如此艰难工程的原因吧!”

梁如浩又问:“怎么样,当初的预算够用吗?”詹天佑说:

够用。我们做预算时尽可能地考虑到了多个方面,加上在整个修筑过程中,我们也特别注意器材与材料的质价比,因为这是我们中国人修的第一条铁路,不能让外国人认为我们修的铁路比他们成本高,所以,现在还剩20多万银两没有用完。

梁如浩说:“您应该把它用完,现在很多地方修铁路都是超预算使用,没有用完预算,那是要上交国库的。”詹天佑说:

即使是上交国库,我也要实事求是,全国各地都在修铁路,这些钱省下来,可以支援其他地方的铁路建设。我们受国家恩典,用自己的一技之长为国家省钱,这也是我们应该做的事情。

现在国家很多方面都要花钱,有许多老百姓生活还很困难,我们能省就省吧!但是我有一个前提,就是决不能把牺牲工程质量作为省钱的手段。如果涉及工程质量的问题,即使是超出预算,我也会考虑。

梁如浩说：

> 可惜啊！现在国家至如此境地，大清国的很多官僚并不如我们所想，他们做事一旦预算批下来，总是变着法子花完，有的官员把钱花在门面工程上，自私一些的则变着法子中饱私囊了。

詹天佑说：“这个我们管不了，但凡做事，尽自己一份良心吧！”

京张铁路盛大的通车典礼使詹天佑和他的同事们获得了许多肯定和赞誉。10月15日，邮传部给朝廷上书，推荐詹天佑为邮传部丞参候补，京张铁路会办关冕钧为参议候补。

詹天佑没有忘记与自己一起奋斗的部属，他给邮传部上书奖励京张铁路的有功人员，包括正工程师颜德庆、陈西林，副工程师俞人凤、翟兆麟，帮工程师柴俊畴、张鸿诰、苏以昭、张俊波、刘锜，转运兼翻译吴希曾，工程总文案徐荣书，车务总管杨昌龄……总之，为京张铁路出力的人员都得到了邮传部的奖励或提升。

中国人自行修筑的第一条重要铁路，浸透着詹天佑无数心血的京张铁路终于建成通车了。它大大提高了中国人自办铁路的信心，沉重地打击了帝国主义的嚣张气焰，为中国的科学技术人员争得了荣誉。京张铁路建成后，詹天佑的名字也

随之誉满中外。同年，詹天佑被选为美国土木工程师学会会员，英国皇家工商技艺学会会员。

1910年1月，清政府又授予詹天佑工科进士第一名，相当于工科状元。京张铁路运营后效益显著，第二年就盈利75395元（清政府发行的“大清银币”，以元为单位），第三年盈利增至506794元。

1912年，京张铁路年客运量达48万人次，货运量达70万吨。时人称誉：

> 此路交通，朝发夕至。昔之驼运货物，皆为铁路所揽矣。

京张铁路建成通车，使长城以北的煤炭、矿石、牲畜、毛皮和当地土特产品源源运入关内，而内地的棉布、砖茶、煤油、纸张及各种生活日用产品也远销西北各省区，结束了依靠驼运的落后状况，大大加快了我国西北地区及边塞经济的发展和文化的进步。

詹天佑不仅高速优质地修筑了京张铁路，还主持修订了京张铁路行车、养路、机车、巡警、电报等规则，为中国铁路建立起近代化管理规程。

从1908年起，詹天佑就主持制定了一整套行车规章，为京张铁路全线通车营业做好准备。这些行车规章包括《行车规则》《调动车辆规则》《路签规则》《号志规则》等。针对关沟段坡陡弯多、长城以北风沙大行车艰难等特殊困难，詹天佑还主持制定了《南口至康庄行车特别规则》等，并严格执行以确保行车安全。

对于詹天佑来说，京张铁路最重要的不是使他个人名扬中外，而是这条铁路使整个中国铁路技术的水平提高了，整个中国在铁路工程界的地位提高了，中国人在世界上挺起胸膛了，这才是真正让他感到欣慰的。

正是一分耕耘，一分收获。这一年，对詹天佑来说，真可谓是人生最为辉煌绚丽的一年。这一年，詹天佑 48 岁，离他从美国回来正好 28 年了。

主持修建京张延伸线

京张铁路建成以后，詹天佑威望倍增，他的工作也更加繁忙、紧张，中国正掀起的铁路建设高潮到处都需要他。当时中国的各条新建铁路在爱国热情的驱使下，都希望由中国工程师主持建造，但是中国铁路工程技术人员很少，而知识与经验丰富、能独当一面主持整个铁路工程的高级工程技术人员更是凤毛麟角，至于像詹天佑这样德高望重、被中外所折服的人物，在中国当时可能仅他一人而已。

詹天佑认识到自己在中国铁路建设中的地位与作用，感到责任更加重大，因而更积极、认真地投身到各条重要铁路的建设中去。从1909年到1911年，他几乎同时在四条重要铁路干线的建设中担任了几个重要职务：

1. 张绥铁路总工程师；
2. 四川商办川汉铁路总工程师兼会办；
3. 广东商办粤汉铁路公司总理兼总工程师；
4. 河南商办洛潼铁路公司工程顾问。

詹天佑任四路要职，往来奔波于张家口、大同、北京、洛阳、潼关、宜昌、广州各地，自塞外西北到广东岭南，自豫西山区到长江三峡，足迹遍及祖国大江南北，踏勘测量，调查访问，计算设计，指导施工。

这时的詹天佑已年过50，虽然体质逐渐下降，常常感到力不从心，但是他仍以饱满的热情跋涉于山野河川之间，殚精竭虑，尽其所能贡献自己的才智与力量；虽然因时事变迁与环境限制而屡遭挫折，但是他毫不灰心，甘愿鞠躬尽瘁，死而后已。

京张铁路通车以后，詹天佑担负的第一项工作就是主持修筑京张铁路向西北延伸，通向蒙古草原的重镇归绥（今呼和浩特），也就是张绥铁路。修筑张绥铁路具有重要的经济、政治与国防意义。

张绥铁路头枕燕晋，横贯察绥，为我国从华北通向西北的第一条铁路干线。铁路所经之晋北大同一带是中国煤、铁矿藏最丰富的地区，归绥则是内蒙古地区的重镇，人口较多，又是通向包头与富饶的河套地区的必经之路。

过去因道路远阻，交通困难，大同的煤、铁与西北地区丰富的土特产，如西宁的羊毛、宁夏的药材、临河与五泉的粮食等都无法外运，而沿海与内地的大宗货物也无法运往西北。若张绥铁路建成，以后再修筑至包头，将成为沟通西北边地到京津沿海的经济大动脉。

同时，张绥铁路建成必将加强西北地区同北京及广大东部地区的政治联系，加强西北边地的国防力量，防止沙俄的南侵，加强中国的统一与强盛。因此，詹天佑在京张铁路施工时就考虑到将铁路向归绥修筑，并做好了充分的准备工作。

詹天佑在得到清政府的同意后，于 1908 年 10 月抽调工程师俞人凤，让他率队勘测由张家口到归绥的线路。张家口至归绥长 600 余千米，是京张铁路长度的 3 倍。其间通行线路有三条：

> 一为北路。出张家口，上韩努坝，经兴化城、大草地、平地泉、十八台、卓资山、陶卜齐，至归绥。
>
> 一为中路。由张家口至柴沟堡，沿大洋河经二道河、

张臬尔,越俄岭坝,经隆盛庄、丰镇、宁越,越坝梁,上穿石匣沟,出西沟门,至归绥。

一为南路。由张家口至太师庄,渡大洋河,入洪汤水沟,经怀安,越枳尔岭,经天镇、阳高,越聚乐堡,经大同,入云岗沟,经左云、朔平,越老爷坝,出杀虎口,至归绥。

詹天佑从调查中得知,北路出口上坝,坡度太陡,不宜筑路,因而张绥铁路选线应在中、南两路中确定。詹天佑指示俞人凤按南路勘测由张家口经天镇达归绥的路线。根据俞人凤的勘测情况,詹天佑写成详细报告,由他与会办关冕钧签署,上传邮传部。

1909年8月,邮传部根据詹天佑的报告,奏准修筑张绥铁路,并拟定修筑张绥铁路的办法和其所需工程费用。修筑张绥铁路的人员,等京张铁路完工后,由京张铁路用人员承办张绥铁路工程。清政府正式委任詹天佑兼任张绥铁路总工程师。

詹天佑经过调查,决定张绥铁路分四大段施工。第一段由张家口到天镇。1909年10月,京张铁路通车当月,詹天佑亲自勘定首段线路。他率队由张家口经太师庄,渡大洋河,循洪汤水沟,过怀安县,越枳尔岭,到达天镇。詹天佑发现俞人凤初测的这条线路,沿途上下坡度很大,而且需要多建大桥。费工费时,且路通之后行车也不够安全,因而决定不用。

詹天佑派张绥铁路副总工程师陈西林率队再次详细选测另定一条路线。于是，陈西林率队重新勘测，历时6个月，取得了另一线路的方案。

詹天佑仔细审阅研究，觉得此线虽有进步，但是沿线地形起伏仍太大，山河间阻，仍需周详慎重比选。于是，詹天佑召集各方面的工程人员，共同详细研究，反复修改，最后获得了一个比较稳妥的路线方案。但是詹天佑仍不放心，因此，为了审核方案的可行性，他于1910年2月初，冒着严寒再次率队实地调查勘测，确认此线路方案可行。

这一条线路自张家口起，取道阎家屯，沿大洋河北岸绕行，直趋北沙城，渡大洋河、小洋河至柴沟堡，到达天镇。线路确定后，詹天佑部署复勘定测，招工投标。

1909年10月，张绥铁路部分路段已先行开工。路线正式确定后，建筑速度加快。詹天佑计划于1910年年底可通车至柴沟堡，1911年夏季可通车至天镇。

在首段铁路施工的同时，詹天佑又派陈西林率队继续向大同一带选测线路。1910年10月间，詹天佑亲自去大同实地查勘、审核与确定线路，随后部署施工建筑。1911年初，他被调到南方铁路任职后，始终关心着张绥铁路的修筑情况。于是，他推荐邝景阳接任张绥铁路总工程师职务。

1911年年底，辛亥革命爆发时，张绥铁路已通车至阳高。詹天佑于1913年以交通部技监的身份，主持全国铁路技术工

作，重点推进张绥铁路的修筑。1914年，他在任职汉粤川铁路督办后，仍多次亲临张绥铁路工地了解情况并指导工程建设。

1915年，张绥铁路已通车至大同，从大同至丰镇段已竣工。从北京丰台至丰镇已筑成铁路400余千米。该铁路线煤运发达，营运有盈余。全路准备筑至归绥后再向包头展筑。因路款不足，铁路当局发行筑路债券。詹天佑为了迅速推进张绥铁路的修筑，将家中平日积蓄全都买了债券，他因此受到了各方的称颂。这一年，詹天佑因对张绥铁路的贡献，受到民国政府的奖励。

后来，张绥铁路受军阀战争的影响与经费的制约，进展迟缓。詹天佑始终关心着该路的修筑，直至1919年逝世。在詹天佑逝世后，1921年，张绥铁路通车至归绥城，全路建成。1922年，张绥路展筑至包头。

自北京至包头，全长816千米，另有支线186千米。全线建筑与营运中，无一名外国工程师，且在修筑至丰镇前，并未借用外国路款。至此，京张线变成了京绥线，又变成了京包线，成为中国最早、最重要的西北铁路干线，在各方面都发挥了重要的作用。詹天佑的愿望终于在他去世后，由他的战友和学生完成了。

京张铁路与张绥铁路是詹天佑一生中花费精力最多、成果最为辉煌的一条铁路干线。他对这条铁路始终怀有深厚的感情。他曾对人说：

魂梦所寄，终不忘京张！

他永远不会忘记，在京张线上，他率领上万名员工经过数年创业的艰辛，战胜无数困难终于取得胜利。此后由于多种原因，他再也没有取得这样辉煌的成就，因此他常常魂牵梦绕京张铁路。

被调离京绥铁路的几年中，詹天佑利用到北京公干之际，不止一次来到京绥铁路视察。他还曾对家人表示，晚年退休后，当移居北京，面向京张……京张铁路与张绥铁路是詹天佑心中的“圣地”，也是他一生的丰碑！

第四章 督办汉粤川铁路

热情支持商办铁路

京张铁路建成以后，詹天佑一方面奉清政府邮传部命令，兼任官办张绥铁路总工程师，主持张绥铁路的建筑工程；另一方面他将更大的热情与精力投入商办铁路的建设中。

20世纪初，中国人民反抗外国侵略与封建专制的民族民主运动情绪日益高涨。在这场声势浩大的爱国运动中，最为重要与醒目的内容之一，就是要求收回被外国列强侵夺去的铁路利权、要求清政府开放铁路修筑权，进而掀起了各地商民自办铁路的热潮。

1903年12月2日，清政府新成立的商部奏准颁布了《铁路简明章程》，正式向民间和地方开放了铁路修筑权。各省商办铁路公司纷纷成立，要求清政府拒借外资，收回各铁路修筑权，由中国商民自办。

从1904年到1905年经过艰苦谈判，中国首先从美资美华合兴公司手中收回了粤汉铁路权。接着，浙江、江苏两省人民掀起了收回沪杭铁路利权的运动，斗争延续数年。其他各省也发生了类似情况，收回利权运动又进一步促进了商办铁路的发展。

各省建立的商办铁路公司纷纷制订了筑路计划，有长线，有短线；有干线，有支线。同时筹集资金，招募铁路人才，争先恐后地投入勘测与施工建筑中。一时中国大地上，商办铁路与外国资本直接投资的铁路、清政府借款修筑的官办铁路，鼎足而立，成为一股不容忽视的新兴铁路建设力量。

应该说，商办铁路的出现与发展，在晚清半殖民地半封建社会中有着重要的经济、政治与思想意义，其主流是进步的。在经济上，它与外国资本抗衡，防止利权外流，抵制了外国资本对中国的经济掠夺。

铁路是经济发展的大动脉，是当时国民经济中利润最丰厚、最稳固的行业。中国人民亲眼所见，外国资本通过在中国投资与借款建筑铁路，掠夺了中国的巨额利润。贫穷的中国为什么还要让自己的“肥水”外流呢？而商办铁路却能壮大本民族的经济实力。

中国新兴的民族资产阶级在这时已不满足于只开办一些轻纺工业了，它正积极地向重要的国民经济部门发展，首先是向铁路发展。经过30年左右的学习与观察，中国人完全可以独立自主地自办铁路。广东的潮汕铁路、江浙的沪杭铁路就是商办铁路公司先后成功建造起来的。

而詹天佑不用一个外国工程技术人员，不用外国资金，成功地建成京张铁路，给全国的商办铁路公司以巨大的鼓舞。商办铁路的出现与发展，是壮大中国民族资本经济的一条最重要的途径，也是抵制外国资本扩张、削弱清政府官僚经济的一条最重要的途径。

商办铁路的出现与发展还有着重要的政治意义。它有力地抵制了外国势力侵略渗透与瓜分、霸占中国的企图。中国人民多年来看到外国列强在夺取中国各地的铁路权益以后，终于深刻地认识到“亡人国之法，计无巧妙于铁路者”。

商办铁路不仅在政治上能抵制外国侵略，保卫与恢复国家主权，而且还能壮大中国新兴民族资产阶级的力量。这种力量正是当时领导民族民主革命的最重要的社会基础，是动摇、对抗与推翻清政府封建专制统治的社会力量。

商办铁路的发展，在思想上的意义也不可低估。它振兴了民族精神，增长了民族志气，横扫了萎靡不振、无所作为的保守思想与崇洋媚外、万事求人的洋奴习气。这在当时半殖民地半封建的中国尤显可贵，尤其需要。

有着强烈爱国思想的詹天佑，一直希望由中国人独立自主修造越来越多的铁路。詹天佑在几十年的工作实践中认识到，由外国资本与外国工程技术人员控制与插手的铁路，必将造成对中国主权与经济利益的严重侵犯与割占，将是中华民族难以摆脱的沉重枷锁与负担。

在1905年至1911年中国商办铁路建设高潮期间，詹天佑以高度的热情积极支持各地商办铁路。他一方面加速京张铁路的建设，以便早日完工后抽出技术人员参加各地的铁路建设；另一方面，他身体力行，抽出时间参与洛潼、川汉、粤汉等商办铁路工程。

1909年，在张绥铁路勘测工作完成以后，詹天佑将此路建设交与可靠的同人，自己则迅速南下，全力以赴地投入更为艰巨的川汉与粤汉商办铁路建设中去，直至辛亥革命爆发，清王朝被推翻。

在京张铁路紧张施工期间，詹天佑就应聘担任了洛潼铁路公司的工程顾问。洛潼铁路是由河南洛阳至陕西潼关间的铁路，长约240千米。在清政府向比利时借款修筑开封至洛阳之间的汴洛铁路完工前后，河南省民众要求集商股自行修筑自洛阳向西展修至陕西潼关的洛潼铁路。1907年得到了清政府的批准。

1908年，洛潼铁路公司的事务所、董事会及工程处先后成立。1908年11月，公司聘请原在江苏铁路公司任职的徐世远为领袖工程师。接着，公司又聘请詹天佑为工程顾问。

1909年初，洛潼铁路开始勘测选线与规划建筑工程。先请来关内外铁路的英籍工程师李吉士勘测线路。结果，因李吉士所勘测的线路工程量巨大，工程费用达500万两白银，洛潼铁路公司谋求节省，改请詹天佑重新勘测。

詹天佑深知勘测线路对铁路建设意义重大，因而在京张铁路完工后不久，1910年春节一过，他就率徐世远等人重新勘测线路。最后，他们经过反复比较研究，重新确定了一条更为可行、费用也较为节省的线路。

洛阳至潼关间，以铁门至渑池一段地势险阻、坡陡弯急。在观音堂至陕州间张茅、硖石一带，长约50千米，高峰星罗，深涧棋布，更为艰险。由陕州至灵宝，地势虽然较缓和，但是高低起伏，深挖高填，动辄数丈。

于是，詹天佑将勘测所确定的线路分三大段修筑：

> 第一段自洛阳至渑池，第二段自渑池至张茅，第三段自张茅至潼关。

每一大段内又分为三小段，按段施工，逐步延展；职责分明，保质保量。

洛潼商办铁路于1910年7月自洛阳开工。后因辛亥革命爆发，工程暂停。几经周折，于1932年才修至潼关，1934年修至西安。此时距詹天佑逝世已经十多年了。

坚持辞免不良员工

1910年5月，詹天佑处理了洛潼铁路、京张铁路、张绥铁路相关事宜，将京张、张绥铁路的人员安排妥当后，再一次前往宜昌。他先是深入工地现场，亲自调查员工各方面的工作情况，然后把副总工程师颜德庆叫来。

詹天佑对颜德庆说："颜工程师，我发现这条铁路的人际关系太复杂，我在最近去工地巡视的过程中，发现一些工程确实不太令人满意，作为总工程师，我必须指出并要求按照我认为必须做的进行改进！"

颜德庆知道詹天佑平时与下属说话一般都比较干脆，没有套话，但是语气这么坚定而强硬的情况确实不多，而且作为副总工程师，他也有他的困难。于是，他说："出现这种情况主要是人际关系的原因，这里的情况很复杂，因为川路公司有三个总理：一位驻北京，在京有很好的人脉，与朝廷各方面特别是邮传部联系很密切；一位总理在成都，协调四川省内各方面的关系；一位总理驻宜昌，在现场督导工作。这三位总理对铁路修筑业务并不了解，却都往铁路方面安插了很多自己的人。"

詹天佑听后，说："这个我知道，但是铁路修筑之事必须按我们的意见办。"

颜德庆说："有一个叫王大富的人，既是机务处的负责人，又是材料处的负责人，一个人同时兼这两个重要职务，很容易造成职责上的混乱，而且容易形成腐败。"

詹天佑说："你把这个人叫来，我要当面问他一些问题。"

于是，颜德庆立即安排人去把王大富叫来。这个人看上去40岁左右，穿一身长衫，很傲慢地向颜德庆行了一个礼。颜德庆对他说："这位是詹大人詹总工程师，詹总工程师有话要问你,所以特地把你请来。”

王大富说:“詹大人,有何吩咐,您尽管说。”

詹天佑说:“吩咐不敢,但是你作为机务处和材料处的负责人,我想问你一些情况。这几天,我一直在工地现场察访,发现有不少问题,主要是两个方面:一是人员的工作积极性不高,态度涣散;二是有些工程材料质量方面存在一些问题,因而想听听你的意见。”

王大富一听,很不高兴地说:“哦,原来詹大人已经私访了我的工作,那我实在无话可说,是好是坏你自己心中早有数了,问我其实就是要我认错吗?”

颜德庆说:“詹大人身为总工程师,对川汉铁路上的任何一个员工的工作都有权实地察访,不要说你,就是我的工作他也有权过问。难道你觉得詹大人这样做有何不妥吗?”

王大富说:“既然是这样,我也就无话可说了,你告诉我,现在要我怎么做?”

詹天佑说:“其实,不管是谁,在管理过程中都会出现一些问题,这在所难免,关键是要诚实面对。我刚来工地几天,可能看到的还只是一些表面情况,很肤浅。现在我想请你做两件事:一是把机务处的员工情况做一个表给我,把各员工的学历、专业、年龄、籍贯、享受的工薪级别都列明;二是把最近订购的机器、材料的数量、进价等列一个表给我。”

王大富说:“这两件事我都做不到,因为李稷勋总理那儿都有这些材料。你如有需要可以问他要去。”

颜德庆说：“詹大人是这里的总工程师，材料向谁要他自己心中有数，你作为机务处与材料处的负责人，是总工程师领导下的管理人员。”

王大富不屑地说：“这个我不管，我既是李总理请来的，我当然得按他的意思办。”

王大富的蛮横态度让詹天佑非常气愤，詹天佑说：“如果你不在6月15日前将这两份材料报送给我，我将认为你是有意违抗总工程师的命令！”

王大富没有想到眼前这位文质彬彬的詹总工程师会说出如此斩钉截铁的话来。他先是一怔，很快又回过神来说：“到时能不能送，我现在还没有想好，请问还有没有别的事？没有的话，我告辞了。”说完，便头也不回走出去了。

颜德庆生气地告诉詹天佑：“因为这条铁路有许多利益关系，像他这样的人还不少呢！”

詹天佑对他说：“这也真难为你了。但是，像这种情况一定要改，如果连总工程师的命令都敢公然对抗，就说明这些人太有恃无恐了，我们绝不能让这种情况泛滥下去。川汉铁路是一项艰难的工程，从宜昌到万县这一段路线是最关键的，如果我们的管理人员都是这样的话，那我们还能做什么？一定要加以整肃！”

很快到了6月15日，王大富并没有按詹天佑的要求报送相关材料，颜德庆说："这个王大富向来都是这样，仗着他是李稷勋介绍来的人，根本不把工程技术人员放在眼里。詹大人，干脆您履行您作为总工程师的权力，把他免了算了，我们这里还有很多比他优秀的人才呢！"

詹大佑说："作为总工程师，我确实有权免除他的职务，但是川汉铁路是由四川商民集股筹建的，他们派驻北京、宜昌、成都的三位总理在当地士绅中都有一定名望，这个王大富之所以连总工程师安排的工作都敢违抗，就是因为他吃透了这一层关系，知道我们不敢得罪这几位总理。我虽然一开始就被聘为总工程师，但是到实地来毕竟还是这几天的事，我们一定不能因为对一个人的安排而破坏了与几位总理之间的关系。所以，我先探探李稷勋的意见再说。"

于是，詹天佑与颜德庆一同骑马来到李稷勋的办公室。其时，王大富早把情况告诉了李稷勋。李稷勋对詹天佑与颜德庆说："王大富这个人是有些不知天高地厚，他怎么能连总工程师的命令都不执行呢？他来过我这里，把事情都向我说了，我也劝他按总工程师的意见做，但是他个性太强，坚持己见，所以我也没有办法。"

詹天佑一听，觉得挺别扭，心想：既是你介绍来的人，怎么连你的话都不听呢？但他没有点破，而是说："我在工地考察了几天，发现这种不把工程师放在眼里的人不止王大富一个人，这样大大制约了工程项目的进展，我想就从王大富身上

入手，对全路进行整顿。”

李稷勋问：“怎么整顿？”

詹天佑回答说：“辞退王大富。”

李稷勋一听，用异样的目光看着詹天佑说：“辞退王大富？不行，人家说打狗还要看主人，这个王大富不能辞退！”

詹天佑问：“为什么？”

李稷勋说：“这个王大富虽然是我介绍来的，但他是朝中李侍郎的小舅子，有些朝中的事我们还要靠他去沟通呢。”

詹天佑说：“李侍郎的小舅子？李侍郎的小舅子就可以这样肆无忌惮？不行，是李侍郎的小舅子也要辞退，因为他连总工程师的命令都敢违抗，川籍在朝中的尚书、侍郎不少呢，每一个都介绍来一个小舅子，那我们这条铁路成什么机构了？那到底是为了安排人还是为了修铁路？李总理，看来我们得先把这个问题处理好了。”

李稷勋一听詹天佑话中火气不小，便放低声音说：“詹总工程师，您在铁路方面的造诣中外称道，这也正是四川官商热忱推您为这条铁路总工程师的原因。一条铁路的修建，工程技术方面当然很重要，但是其他相关因素我们也不能忽视啊！”

李稷勋接着说：“就说这个王大富，李侍郎是他的亲姐夫，而且李侍郎在推动川路修筑上做了不少工作，您把王大富辞了，将来李侍郎一生气，不要说不再为川路提供方便，万一他通过在朝中的关系从中作梗怎么办？而且安排王大富在这个位置还是北京的乔总理的意思。”

颜德庆在旁边干着急，因为碰到这种情况，根本轮不到他说话，他看了看詹天佑，还是忍不住地说道：“詹大人，李总理有他的道理，这件事先缓一缓再说吧！”

詹天佑看了一眼颜德庆，对李稷勋说：“李总理，有些职务我们可以考虑照顾一些关系人员，但是诸如机务处、材料处这样核心的部门，将来事关工程质量的大问题，一定要用能执行总工程师意图的人。否则的话，机械和材料质量出了问题谁负责？既然你认为王大富这样公然违命还不能解聘，那请你马上给在北京的乔总理说，不解聘王大富，那就解聘我这个总工程师吧！”

李稷勋一听詹天佑说出如此话来，立即安抚道：“詹总工程师，您这话就言重了。您要知道，对于川路的艰难，川省上下都是知道的，正因为能聘您为总工程师，各方面才有信心集股，希望仿京张模式，用中国的钱，用中国的人才，办中国人的事。一个王大富算什么，如果您实在觉得他耽误您的事情，那解聘就解聘吧。既然您态度这样坚决，乔总理那边我去交代，李侍郎那边我也去沟通，您这个总工程师要坚持做下去啊！”

这种出乎意料的转变令颜德庆一头雾水，很是不解。从李稷勋那里出来，詹天佑的心情当然好多了。颜德庆问：“詹大人，李总理开始不是说王大富有那么硬的背景吗？怎么一

下子就转了那么一个大弯?”

詹天佑说:“德庆啊,你从美国回来才几年时间,到时候你经历的事情一多,就可以看出内中乾坤了。其实,这个王大富根本不是什么李侍郎的小舅子,也不是乔总理安排的人,是李稷勋自己的人,因为他深知这两个职位很重要,是个肥缺,所以坚持用他自己的人。”

詹天佑接着说:“在大清国官场,俗话说,官大一级压死人。有些人知道社会上有畏官心理,觉得自己的官位不够吓阻别人,就打着更高级别官员的旗号,来谋自己的利益。”

颜德庆说:“万一这王大富真是李侍郎的小舅子或乔总理安排的怎么办?”

詹天佑说:“那也没有办法,这件事根本摆不到台面上来。任何人都知道,在铁路修筑工程中,总工程师负全责,对用人有很大的自主权。如果真是李侍郎的小舅子,李侍郎自己也应知道他的小舅子是否适合这个位置;如果是乔总理的安排,他会与我沟通的嘛。”

颜德庆说:“没有想到这修铁路还有官场上的许多路数。”

詹天佑说:“是啊,我们大清国很多事都是如此。这正说明,国家要富强,官员素质至关重要啊!不过,我始终相信,科技人员是干实事的,在工程技术领域,任何讲人情的做法都是遗患无穷的。我们不能拿自己的技术生命赔到人际关系中去,更不能对国家动辄数百万银两的工程虚以应付。”

颜德庆说：“这样说来，对王大富的安排您完全可以自行决定，何必要找李总理呢？”

詹天佑说：“这是另一层意思，李总理是作为股东方派驻宜昌的总理，他有总的协调权和监督权，从某种意义上说，我作为总工程师是为他干活的。这一层关系一定要明白，不管我做什么决定，都要经得他同意，如果他是一个负责任的总理的话，他应该对我做出的一切合理决定都支持。”

颜德庆感慨地说：“看来在官场上混饭比搞工程技术还要难啊！”

詹天佑说：“那是啊！当官也有当官的难处，关键是要有良心，所谓心底无私天地宽，像范仲淹那样‘先天下之忧而忧’的官员历代都有，但不是人人都会成为好官。”

颜德庆说：“詹大人，看来国家要振兴，首先官员的素质要提高啊！”

詹天佑说：“你这个意见很好，可惜只是我听得到，那些朝中的大人们根本听不到，他们也做不到。那些人自己的素质才那么高，你让他们去叫别人提高素质，有可能吗？我们只能尽自己的力，用自己的技术扎扎实实为国家做点儿实事。”

后来，詹天佑果然罢免了王大富的职位。这件事在全路线引起了不小的反响，那些依恃地方势力的无良人员有的主动离去，有的也收敛了不少。

泪洒川汉保路运动

川汉铁路工程经过调整后，詹天佑再次投入工作中。当时正是酷暑季节，詹天佑白天巡行在铁路工地，经常在工地一线与路工们一起挥汗劳动。晚上，他回到办公室要处理一些文书方面的事情，还要与驻路工程师讨论具体的技术问题。

在这个过程中，詹天佑还了解到这样一些现象：由于管理方面的问题，有些路工有酗酒、吵架之类的恶习，一些铁路学校毕业的学生思想很不稳定。

于是，根据修筑京张铁路的经验，他特别针对川汉铁路，亲自拟定了《总工程师关于毕业生提升之规定》等文件，对全路的工程技术人员在品格、操守、学力、才干、能力、业绩等方面，都提出了考核要求和奖惩规定，使年轻的工程技术人员对相关要求都能清楚了解而且身体力行。

有一天，在汉口的公事房，詹天佑的随身秘书王秘书报告，有一位铁路工程师求见。当时正是川路公司需要用人的时候，詹天佑让王秘书把人叫进来。只见那人虽然也拖着一条长辫子，穿着马褂长衫，但是大大的眼睛、白白的皮肤，体格上明显与中原人有别。那人一进门就跪下，自报道："在下葛绍基拜见詹大人。久仰詹大人大名，学生敬仰之至。"

詹天佑看着他说:“葛先生有何见教?请说。”

葛绍基说:“学生学的也是铁路工程技术,听说詹大人现为川汉铁路公司的总工程师,经朋友介绍,特来自荐。希望有机会能在您的手下,为川路修筑做点儿事情。”

詹天佑再一次看了看他的面相说:“川路公司用的是四川商股,股东们要求用的全是中国工程师,不能使用外国工程师,真是抱歉,我们不能用你。”

葛绍基说:“在下正是大清国人,这是我的自荐信和学历证明,您可以过目。”他边说边从自己的衣袋中拿出一沓证明材料递给詹天佑。

詹天佑看了良久之后说:“葛先生的自荐信和学历证明都没有问题,只是你虽然说你是大清国的臣民,但没有提供有谁能为你作证。”

葛绍基说:“我可以向您写一份保证书,保证我是大清的工程师,如果将来证明我不是,您可以解聘我。”

詹天佑说:“从事科技工作,信誉是很重要的,对于这一点你应该清楚,如果在个人诚信上有问题,很难保证这样的工程师能在实际工作上尽职尽责。你说的没错,现在川路公司正缺工程师。既然你愿意写保证书,我可以暂时安排你在这里任工程师,但希望你能尽早地提供证明,即使是你的家乡原籍的官员出面作证都可以。”

葛绍基现场写了一份保证书,詹天佑看了一遍,让王秘书收下,然后让王秘书带他去颜德庆那里报到。颜德庆安排葛绍基做了一名副工程师。王秘书回到詹天佑身边说:"詹大人,这人肤色那么白,有些像北方的俄罗斯人。"

詹天佑说:"其实他一进来我就看出来了,但是大清国领土这么广,在新疆和东北都有和葛绍基长得一样的大清国人,在我朝为官者中也有类似长相的人,只要他能证明他是大清国人,我们就要用他。如果他证明不了,那就解聘他。"

王秘书说:"葛绍基的长相太明显了,把他安排去做工程师,会不会被川路公司的人嚼舌根呢?"

詹天佑说:"这个我考虑过了,其实见过世面的人都知道大清国人有很多民族,长相各异,也不是完全没有葛绍基这样长相的人。现在我们非常缺工程师,只要他真是大清国的人,能够提供强有力的证据,我就会说服川路公司的人,让他为川路公司效力。"

王秘书问:"要不,我让人根据他提供的材料去了解一下他的真实情况?"

詹天佑说:"我也正有此考虑,你去安排一下。"

几天后,王秘书来到詹天佑的办公室,对詹天佑说:"詹大人,那个葛绍基的情况我派人核实过,他根本不是大清国的人,他也不叫葛绍基,他实际的名字叫格罗夫,只是他家人长期在华做事,所以学得一口流利的汉语。"

詹天佑一听,非常生气地说:"这个人真的在欺骗我,搞工程技术的人，最不能做的就是骗人，这样的人绝对不能用。你去颜德庆处把那个格罗夫叫来。同时，你帮我拟一份文稿，发往各路段，把这个人的年貌特征和学历证书的编号写清楚，要求全国铁路界不要再录用这个人。”

王秘书立刻骑马前往颜德庆的办公室，把格罗夫叫来。詹天佑问他：“你真的叫葛绍基吗？”

格罗夫说：“是的，难道名字还能作假吗？”

詹天佑说：“你写保证书时说会尽快提供国籍证明，现在能提供吗？”

格罗夫好像很疑惑似的，说：“怎么啦？难道有什么不妥吗？”

詹天佑用很标准的英语说道：“格罗夫，你还想骗我吗？”

格罗夫一听到詹天佑叫他的真名，说：“詹大人，葛绍基是我的中文名字。”

詹天佑说：“你为什么说你是中国人？”

格罗夫说：“因为你说这条铁路不用外国工程师，所以我只能这样说。”

詹天佑说：“我一开始就告诉你，这条铁路是不能用外国工程师的，这不仅是我的决定，也是四川人民的要求。你这样做不仅违反了工程师应该遵守的诚信，而且伤害了我的信誉，请你立即自动离职！”

格罗夫说：“可是你们中国工程师不够用，而且川路公司

已经聘请了我,您能不能高抬贵手,让我干下去?”

詹天佑斩钉截铁地说:“不行,中国工程师再不够用,我也要遵守我对四川官商和百姓的承诺。你必须马上辞职,否则我让颜工程师解聘你!”

格罗夫看到詹天佑态度如此坚决,只好说:“詹工程师,真是遗憾。你不要忘记,你自己还是在美国受的教育呢,现在中国有那么多外国工程师参与修铁路,你却如此固执!你的民族主义情绪太狭隘了!”

詹天佑说:“我是大清国的工程师,如何与外国工程师打交道我心中有数。应该持什么样的民族思想,用不着你来教我。我现在警告你,你自己知趣一些,尽快离开川路公司,而且不要再到中国工程师主持的铁路上找工作了,因为你的欺骗行为证明你不可能是一位好的工程师。”

于是,格罗夫只好狼狈地离开了。

川汉铁路最初开工的宜昌至万县段是全路最艰险的路段。这条路要穿越长江三峡数百里崎岖山路,这里层峦叠嶂、山岭绵长、江岸陡险,要开凿的隧道和搭建的桥梁非常多,有些工程的难度甚至比京张铁路的八达岭隧道工程还要大,加上当时工程筹款缺口很大,全路工程预算款达5000万银两,而川路公司只筹得1000多万银两。

在这样的情况下开工,詹天佑显然是顶着非常大的压力的,但他一再鼓励工程技术人员,一定要坚定信念,从首段开始，把川汉铁路修好。长江中游的夏天是非常闷热的，但是詹天佑顾不了这么多，他亲自来到宜昌新码头至小溪塔的工地现场，与路工们一起打道钉。

后来，詹天佑在川汉铁路建设中处处受人掣肘，而无力施展才华。1910 年 10 月，他被广东商办粤汉铁路公司股东会推举为该路总理，并经邮传部批准。詹天佑早就关注着粤汉铁路这条中国南北大动脉的建设，尤其想为家乡广东的铁路建设出力，于是在 1911 年年初，便南下广州就职。

詹天佑到粤路公司就职后，仍兼川汉铁路宜万段总工程师。他通过副总工程师颜德庆，继续对川汉铁路的建筑工程做出种种指示，但是这种局面很快就结束了。1911 年 5 月 9 日，清政府颁布了铁路干路均归国有的政策。

这是清政府自 1908 年就酝酿已久，终于抛出的新政策。明眼人迅速看出，这是清政府抓住商办铁路的一些缺点为借口，取缔正在蓬勃发展的商办铁路，掠取商民的资本和财产，削弱日益增长的民族资本力量，从经济上加强清政府的中央集权，并以此获得外国列强的经济与政治支持，巩固清政府的专制统治。而清政府这项新铁路政策打击的矛头首先指向了备受中外瞩目的粤汉与川汉铁路，而这是当时詹天佑为之服务的两条商办铁路。

清政府取缔商办铁路干线，掠取商民资本、打击民族资本、加强专制集权与卖路媚外的行为，激起了湖南、湖北、广东、四川四省各阶层人民的愤恨。他们迅速掀起了声势浩大、持续多日的保路运动。一时间,反对国有、坚持商办、拒借外款的呼声响彻大江南北。

在四省中,四川人民受害最深,因而反抗斗争最为激烈,参加的社会各阶层人士极为广泛,对全国的影响也最大。川路公司连续召开特别股东大会,议决继续商办川汉铁路,拒绝接受清政府的新政策。

于是,四川各地,从省城成都到各中小城市,直至乡村,均成立保路同志会、保路同志军,在立宪派人士的领导下,开展了请愿、讲演、谈判等"文明争路"活动,并得到护理四川总督王人文的同情。但是由于清政府顽固坚持铁路国有并加强镇压,四川人民的反抗也逐渐加剧,从罢市、罢课发展到武装斗争。

詹天佑作为一位有强烈民族自尊心的高级科技人才与爱国知识分子,不愿把中国的铁路建设大权交给外国人,更不愿中国工程技术人员永远居于次等地位、二等地位甚至更坏。因此,他决心以自己的力量与方式来反抗清政府的错误政策。他坚决支持四省人民反抗铁路收归国有,还多次与颜德庆来往书信了解形势。

清政府加速接收商办川汉铁路,在对四川人民加强镇压的同时,于1911年6月底收买了川路驻宜昌总理李稷勋,用移花接木的方式将宜归段工程和路款劫夺而去。

清政府的镇压、收买行为激起了四川人民强烈的反抗。四川人民罢市、罢课、抗粮抗捐、游行请愿。1911年9月7日，四川人民在成都遭到新任四川总督赵尔丰的血腥屠杀，造成了震撼全国的成都血案，激起全国人民的强烈抗议，最终导致了武昌起义的爆发，全国各省迅速响应。以保路运动为导火线的辛亥革命迅速推翻了清政府的统治，为中国走向政治民主与经济繁荣奠定了基础。

就这样，川汉铁路被迫停工。从1909年12月10日举行开工典礼到1911年辛亥革命爆发，川汉铁路首段宜昌至万县段，在以詹天佑为总工程师的广大铁路员工的努力奋斗下，完成了铁路线路60余千米，其中可通行工程列车的线路17.3千米。

此外，完成了部分线路的路基、桥涵、御水坝等与部分车站、工厂的房屋建筑，开挖了部分隧道，建立了通信联系等。而川路公司自1904年初成立至1911年保路运动发生，历经约8年，只得到了如此成果，这是詹天佑不愿看到而又无法避免的事实。

接管商办粤路公司

1910年10月，詹天佑正奔忙于宜昌与张家口之间，在紧张指挥川汉铁路与张绥铁路施工之际，得知商办广东粤汉铁路公司举行股东大会。结果，詹天佑以得票最多当选为总理，候选道台黄仲良当选为协理。邮传部按粤路公司众股东的意见，正式奏派詹天佑与黄仲良为粤路公司总理、协理。

粤、湘、鄂三省分段修筑粤汉铁路，情况各有不同。湖北、湖南两省，清政府只准官督商办；湖北后来在张之洞的指使下，变成官办。只有广东，因绅商势力大，又得到海外华侨的大力支持，集资迅速，数额很快达到4000万两，于1906年5月成立了"商办广东粤汉铁路有限公司"（简称"粤路公司"）向清政府注册。

粤路公司成立后，众股东敬佩詹天佑的才学、能力与名气，又因詹天佑是广东人，为桑梓尽力当义不容辞，于是就盛情邀请他回粤主持筑路工程。

但是，由于京张铁路正在紧张施工中，詹天佑不能分身，再加上直隶总督、北洋大臣袁世凯上书清廷，力阻詹天佑南下，因而詹天佑未能立即赴广东就职。但是他向粤路公司推荐正在京张铁路工作的邝景阳去任总工程师。1906年9月，邝景阳南下就职。

1911年年初，詹天佑来到广州就任粤路公司总理。他请粤路公司的总工程师邝景阳北上就任张绥铁路总工程师，接替他在那里的工作。这样，既让邝景阳从粤路公司的人事纠纷中解脱出来，又使张绥铁路得到称职的总工程师。詹天佑自己则以粤路公司总理兼任总工程师的身份，以减少工薪开支、提高工作效率等方式，展开一系列改革措施。

詹天佑在商办粤路公司就职后，首先对公司各机构与人员进行整顿。如他针对报纸上揭露的粤路公司机关人员上班时敷衍懒散、大吃水烟一事，严格规定公司人员上班时一律不准吸烟，使得公司风气为之一新。

在施工方面，詹天佑在短时间内，将购地、储料、筑路、行车等事项逐一整理，并亲自督率员工自源潭一线向北面的黎洞、连江口、英德一线推进工程进展。至1911年8月，完成了自源潭至黎洞的34千米路段，并铺轨通车。

在从黎洞向连江口推进工程时，途经盲仔峡，峡长3000多米，江身狭窄，悬崖峭壁，下临急湍江流，詹天佑在这里指挥完成了艰险的路面工程与隧道工程。

就在詹天佑主持粤汉铁路工程后不久，1911年5月，清政府宣布铁路国有的矛头也指向了粤路公司。于是，广东省商民与湖南、湖北、四川人民一道，掀起了声势浩大的保路运动。

1911年6月6日,粤路公司举行股东大会,通过"万众一心,力争商办"等决议后,以詹天佑为总理的粤路公司立即致电湘、鄂、川三省,表示"唇齿相依,希予支持";致电省内外股东,希望他们"向政府致电力争"。因此,广东民众的保路运动情绪更加高涨。

詹天佑敏感地意识到,这场声势浩大的运动将会产生严重的后果,可能要动摇清王朝根基,甚至会葬送清王朝,使那些一意孤行的统治者终生悔恨。后来,詹天佑的预言很快变成了现实。

1911年10月10日,爆发了武昌起义,湖南、四川、广东各省迅速响应,清王朝的统治土崩瓦解。1911年10月底,广东各地纷纷发生革命党人的起义。10月25日,新任广州将军凤山刚抵广州就被革命党人炸死。广州城风声鹤唳,动荡不安,经过紧张的斗争,终于在11月10日宣告广东独立,成立了以胡汉民为都督的革命政府,原两广总督张鸣岐仓皇逃走。

在这紧张动荡的日子里,广州城里的富有者大多数都携家逃往香港。广三铁路的主管人员也逃匿起来,造成全路停工的局面。粤路公司也受到了波及,公司一些人员不辞而别。这时,詹天佑的一些友人也劝他不要留在广州。詹天佑却以铁路为重,坚持留在工作岗位上,使粤路公司的工作照常进行,已建成路段的列车照常运行,公司财产没有损失。

1912年1月1日,以孙中山为临时大总统的中华民国南京临时政府成立。不久，宣统皇帝宣布退位。绵延2000余年的封建帝制终于被推翻，中国开始进入了共和民主的新时代。

广东是最早建立革命民主政权的地方，革命、民主、自由的气氛十分浓烈。詹天佑是很早就接受过西方教育、呼吸过民主自由空气的知识分子。他对革命的发生与清政府的垮台早有预感。因此，他对保路运动的高涨导致辛亥革命的爆发并不感到意外，更不感到恐惧与忧伤。

相反，詹天佑积极迎接革命新时代的到来。他在自己的本职岗位上平静而友好地支持革命新政权与新秩序的建立，并以粤路建设的新成效为新时代与新政权献礼。

1912年3月，詹天佑主持建造的粤路黎洞至连江口间的线路通车。这段极为艰巨的工程，终于在辛亥革命的欢庆胜利声中由詹天佑率领员工打通了。至此，广州至连江口约130千米的铁路线路建成通车。

1912年2月，位于广州城东南的粤汉铁路首发车站黄沙站落成。这是一座西式的二层楼站房，样式美观大方。詹天佑亲自主持了黄沙站的落成仪式，当时来宾众多，场面热烈，为刚在辛亥革命风暴中获得新生的广州城增添了喜庆的气氛。不久，粤路公司总部搬迁至该楼，成为指挥粤路建筑工程的大本营。

辛亥革命后，詹天佑继续督率全路员工自连江口经波罗坑向英德、河头一线展筑，约一年后全线竣工通车。因粤路公司积弊多年，积重难返，虽经詹天佑严加整顿，仍不能根本改变各种陈规陋习。

詹天佑深感工作困难，同时因种种原因，粤路施工进展迟缓。詹天佑因工作未达到理想程度，于1912年向粤路公司股东会请求辞职，另选总理。可是，公司众股东极力挽留詹天佑，他只得继续留任。

1912年5月17日，孙中山专程来到广州，视察詹天佑所领导的广东粤汉铁路公司，詹天佑组织员工欢迎。孙中山见到詹天佑后很高兴，他说：

> 詹总工程师，修筑京张铁路是你的杰作，你真是中国不可多得的专家呀！

詹天佑说：

> 孙先生过奖了。“国家兴亡，匹夫有责。”我所做的一切都是应该的。

孙中山兴致勃勃地说：

> 我有一个理想，要在中国建成十万英里铁路，到时可要靠你喽！

詹天佑说：

孙先生放心，我一定会为实现这一宏伟理想而竭尽全力的。

詹天佑对孙中山的传奇式革命经历早有耳闻。见面后，他为孙中山激昂的革命热情所感染。詹天佑向孙中山倾诉了自己 20 多年来筑路的艰难境况，并期望民国政府能帮助解决铁路修筑中的资金困难问题。

孙中山十分敬佩比自己年长 5 岁的詹天佑矢志不渝地为国筑路的精神，向詹天佑介绍了他关于加快中国铁路建设的构想和规划，听取詹天佑的意见，并热情邀请詹天佑一起参与铁路筹划工作。

在粤汉铁路公司举行的欢迎宴会上，孙中山即席演说，希望广东联合湖南、湖北两省，尽快建成粤汉铁路。孙中山是个说干就干的人，他随即拟定致粤汉铁路三省股东的电文，由粤路公司通发各埠。

孙中山的指示和期望，激起了詹天佑积郁心中多年的使命感与责任感，他意识到自己不仅要加快广东境内粤汉铁路的修筑，还要联合湘、鄂两省，加快粤汉铁路全线修筑，早日建成这条重要的南北铁路大动脉。

按照孙中山的指示，詹天佑进一步加快粤汉铁路广东段的修建。

1913年3月，黎洞至连江口线路竣工；5月，连江口至英德线路竣工；8月，英德至沙口线路竣工。1914年，已担任汉粤川铁路督办的詹天佑正式辞去商办粤路公司总理兼总工程师职位。

出任汉粤川铁路会办

1912年7月初，詹天佑接到谭人凤的邀请，赴上海共同筹划粤汉铁路粤、湘、鄂三省路工事宜。詹天佑准备借此机会推动铁路工程的进展，了解湘、鄂两省的路工情况，加强三省间的联系，同时了解铁路国有与利用外资的情况。

7月上旬，詹天佑到达上海，与谭人凤进行讨论、协商与思想交流，并由谭人凤禀告民国政府大总统，任命詹天佑为粤汉铁路会办，以便统筹粤汉铁路全路。后来，詹天佑与谭人凤一道由上海到达武汉，他们在这里设立了粤汉铁路督办总公所。

一到汉口，詹天佑就开始从制度建设上展开粤汉、川汉铁路的工作。他深知，对于铁路建设，工程技术人员是非常重要的。特别是铁路国有，涉及向外国借款，一定会附加聘请外国工程师的条件,这样一来,很可能会使中外工程师在待遇上有很大差别,这在以往都是既成事实。

在讨论工程技术人员的报酬时,詹天佑对谭人凤说:

> 谭先生,我的意见是,中国工程师在与外国工程师同一级别时,应采用相同标准的报酬,这样,才能使我国工程师不至于因为待遇低而自感比外国工程师低人一等。

谭人凤说:

> 你在这方面的体会比我深。我也感到中国工程师的工资比外国同级别工程师低这种现象确实不好,不说干同样的活拿不同的报酬这个问题,就是从民族感情上来说,在我们自己的国家,同样级别的工程师拿着比外国工程师低的报酬,这算怎么回事?自己的工程师在自己的国家变成二等公民,这与清王朝时期有什么区别?这个陋习一定要改。

詹天佑说:“谭先生能理解这一点,那真是中国工程师的幸运。”

于是,在拟定薪酬制度时,詹天佑特地进行了说明,指出

在相同级别的工程师中，中国工程师与外国工程师享有同等工资待遇。

然而，就在詹天佑与谭人凤筹划粤汉全路路工事宜时，广东的商办粤路公司的股东们却对风传的粤汉铁路湘、鄂段收归国有误以为要延及粤路，群起反对并且将事因归及詹天佑，在报刊上对詹天佑发起攻击，同时声明说詹天佑既担任国有粤汉铁路会办，就不能继续兼任商办粤路公司的会办。

1913年5月，詹天佑在完成了自连江口经波罗坑至英德的铁路工程，同年8月又完成了自英德经英城、河头至沙口的工程。在这一年，他辞去了商办粤路公司经理兼总工程师的职务，赴武汉专门担任国办粤汉铁路会办职务。

1913年6月18日，身在汉口的詹天佑被北京的中华民国大总统袁世凯任命为交通部技监，是在权力上仅次于交通部长和次长的全国最高工程技术负责人。詹天佑接到任命时，既高兴，也感受到责任的重大。

于是，麻烦的事情接着又来了，汉粤川铁路总办岑春煊被迫离职，交通部将汉粤川铁路的管辖权直接放到交通部，任命交通部次长冯元鼎为这条铁路的总办，詹天佑继续任会办兼总工程师。

根据民国政府对汉粤川铁路向外国借款的条件，有许多线段都应聘用外国工程师为总工程师，其中广水至宜昌段聘请的是德国籍总工程师雷诺。

清朝末年，张之洞考虑到铁路会与长江水道运输线路重复，主张将川汉铁路在湖北境内的起点放在广水，而不是放在汉口。1914年，詹天佑对此线路作了调整，将广宜线路改为汉宜线路，也就成了汉口至宜昌的线路。

雷诺当时对中国工程师特别不友好，总是想尽办法排斥中国工程师，希望借机在他负责的路段安排一批德国工程师。他曾经向詹天佑流露过对中国工程师的不满，詹天佑装作没有听明白他的意思，没有理会他。于是雷诺给在北京的交通部次长、汉粤川铁路总办冯元鼎写信，其中直言“中国工程师不行”。

冯元鼎是一个官场老手，他意识到雷诺这封信绝不只是关于工程师之间的利益之争的问题，弄不好还可能涉及借款国的态度问题。于是，他并不直接答复雷诺，而是把雷诺的信转给身为交通部技监、汉粤川铁路会办兼总工程师的詹天佑处理。

詹天佑接到冯元鼎转来的雷诺的信函，沉思良久，轻轻地对王秘书说：“你去帮我把雷诺请来。”

王秘书看到詹天佑虽然表面非常平静，但是以他的经验判断，詹天佑一定很生气。于是，他赶往雷诺的办公室，把雷诺请到了詹天佑的办公室。

詹天佑平静地看看雷诺，指着摆在桌上的信函说：“雷诺先生，这是你给冯总办写的信吗？”

雷诺上前看了一眼，很肯定地说：“是的，这是我写的信，主要是向冯总办介绍汉宜段的情况。”

詹天佑问：“你只是介绍情况吗？”

雷诺点头说：“是的。有什么不妥吗？”

詹天佑说：“请你再看一遍，在文字表达上有无错误？”

雷诺拿起信，假装仔细看了一遍，说：“没有任何表达上的错误。”

詹天佑指着其中“中国工程师不行”这一句问：“这句话是什么意思？”

雷诺看了看信，然后看了看面无表情的詹天佑说：“詹总工程师，我没有说您不行，您是世界知名的中国铁路工程师，我这句话是说我手下的中国工程师不行。”

詹天佑说：“你已经在信中说中国工程师不行了，这不是对我个人的不敬，我要告诉你，这种说法是对全体中国工程师的不敬。”

雷诺望了望詹天佑没有表情的脸，深知自己的话惹怒了眼前这位德高望重的中国工程师，他说：“詹先生，如果我的话引起您的不快，我深表歉意，请您千万不要误解。”

詹天佑问：“那么，你认为你们国家的工程师都行吗？”

雷诺回答说：“是的。”

詹天佑说：

雷诺先生,你犯了一个很大的逻辑错误,其实任何国家的工程师都有行有不行的,我就不相信你们国家任何一个工程师都是行的。为此,我建议你以后说话还是谨慎一些。你这封信是落在我的手中,如果是给了报社记者,一旦公开刊登出去,真是太伤害中国工程师的感情了。

雷诺说:“我没有想到会引起您这么大的误会。”

詹天佑说:“要我不误解你也行,你得把你这封信收回去!”

雷诺说:“好,好,我这就收回!”他边说边从桌上拿起那封信,放在自己手上。

詹天佑又问:“你认为你手下的中国工程师不行,是不是希望聘请你自己国家的工程师呢?”

雷诺说:“我确实有这种想法。”

詹天佑说:

不行,就是你手下全部的中国工程师都不行,也不能由你去聘请自己国家的工程师。根据我国政府与借款国商定的条件,只是总工程师聘用外国人,我们聘用你已是兑现了承诺。但是各段工程师一定要用中国工程师。将来中国有很多铁路要修,现在正是我国工程师成长的

时期,如果你感到你手下的中国工程师不行,你可以列一个名单来,我帮你调换,直到你满意为止。

雷诺听到詹天佑说得那么斩钉截铁,只好说:“您是总工程师,那我就遵从您的命令。”

詹天佑说:

你能认识到你说这话的危害,我很高兴,作为我们聘请的外国高级工程师,我真心希望你能与中国工程师们精诚合作。派往你处的工程师我都很了解,当时都是我从京张铁路等处调派来的,他们有些人工作经验方面可能存在不足,但还不至于到了不能用的地步,希望你能包容一些,多给他们一些正确的指导。中国确实需要培养很多高级工程师,你如果能在这方面为我国效力,我们是很尊敬你的。

雷诺主动握住詹天佑的手说:“詹先生,您确实是我见到的最真诚的中国官员。”

詹天佑笑着把雷诺送出门,对他说:“以后不要再说中国工程师不行了。”

雷诺惭愧地说:“知道了,詹先生,我会记住您的话的。”

成立中华工程师会

被民国政府任命为交通部技监后，詹天佑常常思考如何使中国工程师有一个更好的成长环境，一些外国工程师对中国工程技术人员的贬损，使他更加感到年轻的中国工程师们再也不能这样一盘散沙似的自生自灭。

到1913年，詹天佑加入的国际科技组织有英国土木工程师学会、上海欧洲工程师建筑师学会、美国土木工程师学会、英国皇家工商技艺学会、英国北方科学与文艺学会、英国混凝土学会，加上后来的英国铁道学会，詹天佑成了英美7个科技团体的会员。

这些学会与詹天佑保持着很好的联系，这也使詹天佑能及时了解英美国家工程技术人员的最新动态。在这个过程中，他深深感到科技人员之间的互动是多么的重要。

詹天佑让王秘书收集了不少国内外科技学术机构的活动资料，他感到广东的中华工程师会和上海工学会、上海路工同人共济会的活动还不够到位，组织力量分散，就与颜德庆、徐世远等人商量，想将这些学术组织统一起来，得到了大家的广泛响应。

这天，王秘书照着詹天佑的吩咐，把所有资料拿来，放在桌上说:“这些材料我已经准备好了,都在这里。”

詹天佑翻阅那一堆材料,看到一本《京张铁路标准图》,便对王秘书说:

> 我国铁路的路权自清末以来,由于向外国借款,有很多都掌握在外国工程师手中,汉粤川铁路是我国当前最大的铁路工程,工程浩繁,工程师也是流品杂陈,既有来自不同地方的中国工程师,也有来自外国的工程师。
>
> 当初修筑京张铁路时,我就强调铁路建设的标准化与规范化,现在我身为交通部技监,对全国铁路技术有监督与规划之责。所以,我让广东中华工程师会出版这本《京张铁路标准图》,希望给在各处铁路工地一线工作的工程师们提供参考。在出版前,我进行过认真的审订,现在终于出版了,这对我国工程技术人员来说,多少会有所帮助的。

王秘书说:“到目前为止,我国还没有关于铁路技术方面的正式出版物,这本图册的出版对年轻的中国工程师来说,肯定是有帮助的。”

詹天佑说:“我与上海和广州方面联系了,工程师们都希望由我把两地的组织合并,组建一个统一的中华工程师会,你有什么看法?”

王秘书说：“当前，在工程技术领域里您的声望最高，而且您现在还是交通部的技监，这种全国性的学术组织肯定由您出面组织更有号召力。”

詹天佑说：“也许你说的有些道理，但是，作为学术组织，需要有很多时间和精力来为会员服务，我现在这么多事务，就怕忙不过来。”

王秘书说：

说句实在话，您实在太忙了。可是，成立中华工程师会这样的事，在我们国家是从未有过的事，大家知道有这样的组织是好的，但很多方面并不知道如何去做。您参加英国和美国的学术组织有经验，由您出面，即使具体工作您没有时间过问，但大家知道是您的号召，也一定会积极响应的。这是首创，非您不可。以我的意见，您先把这个组织成立起来，到时候如果您实在忙不过来，就让有精力的年轻人来承担。

詹天佑说：

你这个主意好。我想，不管将来中国的局势如何发展，国家总是需要建设的，铁路也总是要修的，这样就更需要我们来培养更多合格的工程师。革命的问题我从来

没有深究过，但是国家建设与发展更需要干实事的人。我是一个铁路技术人员，在任何局势下，我都有权利用自己的专业技术为国家建设服务。你帮我准备一下，以我的名义再与广州及上海方面联系，我们准备在汉口成立中华工程师会，希望广州与上海的组织能够联合起来。

王秘书说：“好的。我马上去办。”

就这样，在王秘书落实中华工程师会成立的过程中，詹天佑亲自与各有关工程技术人员沟通，很快大家取得共识，正式在汉口成立了中华工程师会。章程由工程师王金职与王秘书参考了西方国家学会的章程拟定，由詹天佑亲自拍板。在首届会员代表大会上，詹天佑被推举为首任会长。

詹天佑积极推动中华工程师会的工作，先是向民国政府报告了中华工程师会的有关情况，取得了民国政府的支持。于是，民国政府将中华工程师会定性为实业咨询机关，还命农商、交通等部门及所属机构，“关于工程上有所设施，应准由所司随时函询该会发抒意见，用备参考”。

这样一来，中华工程师会在成立之初，就因为詹天佑的工作，成为国家工程事务中的重要咨询机构，其地位非常高。中华工程师会总部设在汉口，同时在北京、广州设立分会。

1915 年，中华工程师会改名中华工程师学会，总部迁到北京，在北京的办公场所由詹天佑捐助。会员发展到工程技术等多个领域，分为土木、水利、机械、电机、采矿、冶金、兵工、造船、窑业、染织、化学、航空 12 种学科，几乎囊括了我国早期工程事业的各个方面。

中华工程师学会成立后，定期举办各种学术活动，出版书刊，詹天佑甚至还自己出钱，鼓励学会会员发表论文，并进行评奖。1915年，该会出版了詹天佑所著的《京张铁路工程纪略》及《华英工学词汇》。

这两本书的出版，对推进全国工程技术的进步产生了积极影响。前者以京张铁路的兴建过程为内容，详述了有关工程技术方面的许多具体问题，为当时国内大型工程建设项目的推进提供了借鉴；后者是我国最早的英文专业词汇工具书，为当时学界混乱的工程技术翻译名词和概念提供了统一的参考。

出任汉粤川铁路督办

1914 年，詹天佑升为汉粤川铁路督办，负责广州、武汉与成都之间的铁路修筑。1915 年，张绥铁路自张家口通车到大同，大同至丰镇段竣工。从 1909 年至 1919 年为止，詹天佑一直在为建设汉粤川铁路而努力，并时刻注意维护祖国铁路事业的利益。

他在任会办时即主张湘粤路接轨应在湖南省境内的宜章，目的是抵制列强渗透，保护商办的粤路。当德国总工程师雷诺为了德国的商业利益，提出在川汉铁路干线广宜段之外加修杨家泽至老河口的支线时，尽管广宜铁路局认同，詹天佑则立即觉察到其中的问题，从而坚决地予以驳回。

不仅如此，詹天佑还运用自己娴熟的学识，随时随地保证工程的进度和质量。例如，川汉路分为广水至宜昌与宜昌至夔州两段。广宜段原取道襄阳、荆门以达宜昌，全长550多千米。后来，詹天佑改为以汉口为起点，经应城、京山、安陆等处以达宜昌，全长350多千米，较原线缩短了三分之一。

詹天佑还着重指出普通勘测是定路线的走势，而特别勘测才是施工标准，反对以普通勘测定线的不负责的态度。这就使得当时的工程技术人员明确了普通勘测和特别勘测的基本概念。

尤其值得注意的是，詹天佑反对德国工程师伦多富关于成都到重庆的成渝铁路绕弯到泸州联络水运的意见，他认为泸州距离重庆100多千米，距成都200多千米，绕弯到泸州，费钱费时，很不合算。他计划的成渝铁路的路线，正是民国成立后政府实现四川人民多年愿望的成渝线的路线。

在詹天佑的努力下，川汉铁路武汉至长沙一段提前修成。至于他拟议修建的自汉口至皂市的汉宜路一段线路，因第一次世界大战的爆发，北洋政府加入协约国方面对德宣战，德华银行款项冻结，汉宜段工程全部停顿。

由于在武长段工程中处处掣肘，变故迭出，詹天佑心力交瘁，以至于积劳成疾。尽管治了好久身体痊愈了，但是他的健康状况却是一天不如一天。

1914年8月，发生在欧洲的萨拉热窝事件引发了第一次世界大战，汉粤川铁路的四国银行团各国都在拨付路款的进程上进行拖延，加上国际市场上因战争而引起的材料价格上涨，各路段的工程都受到影响。

詹天佑既是督办，又是总工程师，他不得不周旋于四国银行团的代理人之间。考虑到当前的实际，他果断地提出了“就款计工办法”。此办法就是根据能获得的实际款项，集中力量修一些关键的铁路线段的计划。

詹天佑亲自撰拟《汉粤川铁路就款计工办法》呈报交通部，得到交通部的批准，把主要精力集中于湘鄂线的武昌至长沙段及川汉铁路的汉口至皂市段。这一措施非常及时地解决了时局对汉粤川铁路总体工作的影响。

但是，有关国家出于各种因素的考虑，在拨付路款时却久拖不决，只有英国的汇丰银行同意每月拨付十万英镑，这与实际需要相去甚远。

这时，武长段聘用的英国工程师格林森辞职，借款方调来喀克斯做英方工程师。喀克斯原来在金达主持修筑京奉铁路时，就与詹天佑同在金达手下为工程师，当年滦河大桥工程就是由喀克斯转到詹天佑手上的，现在詹天佑作为汉粤川铁路总工程师，在名义上成了喀克斯的上司。

喀克斯到任时，特来詹天佑处拜访。当时，詹天佑正在研究格林森送来的一些关于粤汉铁路湘鄂境内的线路测量数据，看到王秘书领着喀克斯进来，立即停下手中的事情，快步迎了上来，说："喀克斯先生，咱们是老朋友了，有失远迎，有失远迎！"

喀克斯说："詹总工程师，多年不见了，你我都老了。"

詹天佑说："是啊，岁月催人老啊！怎么样，这些年您都还好吧？"

喀克斯用不太流利的中文说："马马虎虎。"

詹天佑很认真地打量了他一番，笑了笑说："现在欧洲爆发战争，我们中国也还有许多矛盾，这年头，能过得马马虎虎，已是很不错了。"

喀克斯说："怎么，詹总工程师，这些年，我可是看着您直线上升的，您也会有如此认识，难道您的官位还不够高吗？"詹天佑说：

其实当官是件令人烦恼的事，如果能有一个很好、很公平的发挥技术特长的环境，我还是更愿意做一个纯粹的铁路工程师。

喀克斯说：“是啊。在我们英国，最优秀的人才都愿意从事科技工作，只有那些搞不了科技的人才去搞政治。”詹天佑说：

对于发生在欧洲的战争我并不了解，但我知道在我们国家，各方力量都在较劲，也不知道他们在争什么，让我看得云里雾里。

喀克斯说：“面对政治争论，我们搞工程技术的人最好不要介入。”詹天佑说：

我一向都不主张介入政治纷争，但是这些政治纷争对我们的工作影响很大啊！现在北京有人正鼓动袁大总统称帝，我很担心一旦成为事实，一定会引起不同政治意见的人群起而攻之。那时候国家就更乱了，国家政权一乱，我真不知道这铁路是否还修得成。

喀克斯说：

任何政治人物的争斗，都会给国家带来损失，这是不可避免的。可是在当今中国，只有袁大总统才能镇得住局面。南方的革命党人虽然令人同情，但他们没有军队，没有政权，也没有金钱，很难撼动袁大总统的地位。

詹天佑说:

我们国家这几十年来一直多灾多难,本以为民国建立后能天下太平,大家同心同德共建国家。可是,从舆论上看,现在好像越来越乱了。我虽然没有时间和精力去了解这些具体情况,但每次朋友相见,总会谈论当前存在的各种问题。

喀克斯说:

所以您所说的愿意当一个纯粹的铁路工程师的想法只是一种理想主义。在现实中,即使从事技术工作,也与国家的整体局面紧密相关。想独善其身是不可能的。我在中国服务这么多年,感到中国人对权力的崇拜真是到了极致,即使如您这样优秀的工程师,如果没有相应的权力作支撑,也很难想象您能取得那么大的成就。

詹天佑说:

可是,当年修滦河大桥时,我与您一样,还是金达手下的一名普通工程师。

喀克斯说：

> 我们西方人与你们中国人的观念有所不同，虽然当年金达是京奉铁路的总工程师，但他不会把别的工程师的成果算在自己头上。而在你们中国，有时候，官大的人常把手下人的成果当成是自己的。所以，您能因修滦河大桥而一举成名，这为您后来的发展打下了基础。

詹天佑说："想到这一点，其实我应该感谢您和金达才是。"

喀克斯的脸似乎红了一些，但他并不介意詹天佑所言点到了当年他没有建成滦河大桥这条软肋，说："我们西方人从来不贪他人之功为己有。"

詹天佑说："我只是希望国家尽快安定下来，我们能有一个更好的、稳定的修筑铁路的环境。"

詹天佑与喀克斯的对话流露出他对当时国家动荡不安的担忧之情，同时也体现了他希望在一个太平环境中为科学技术贡献力量的坚定志向。

第五章 忙碌的晚年生活

匡正青年的思想教育

1915年12月12日，袁世凯正式称帝，却遭到了全国人民的反对。12月25日，蔡锷在云南发起讨袁护国运动，组织护国军，与唐继尧等联名宣布云南独立，并率军向北、向东进攻，很快形成全国规模的反袁斗争。

袁世凯的许多亲信也由拥袁转变为反袁，国内舆论一边倒，全都是声讨袁世凯称帝的声音，国际势力也迅速转向，由鼓吹袁世凯恢复帝制或保持中立转向反对袁世凯称帝。袁世凯完全没有想到会是这种结果。

在内外交困的情况下，1916年3月，袁世凯不得不宣布取消帝制，还称大总统。但这个时候，袁世凯的威望早已不如从前，甚至一些坚决拥护他称帝的亲信也见风使舵，离他而去，人心的涣散实在出乎袁世凯的意料。可是全国反袁斗争并没有因此平息，反袁声音一浪高过一浪。6月6日，袁世凯终于在心病身病的双重折磨下去世。

袁世凯去世后，副总统黎元洪根据有关法律，继承总统之位。据说袁世凯立的遗嘱中有三位总统继承人，依次是黎元洪、段祺瑞、唐绍仪。段祺瑞在袁世凯取消帝制时被任命为北洋政府国务总理，执掌实权，政局暂时稳定了下来。

对詹天佑而言，他的心思和精力主要还是放在铁路方面。在他的积极工作和推动下，这一年广东省境内广州到韶关的224千米铁路建成通车，湖南境内长沙往南连接广东省的铁路修筑款项在詹天佑与英、美、法三国银行的沟通下也落实了，张绥铁路与京张铁路连通，重新定名为“京绥铁路”。

1916年12月2日，中华民国第一次全国交通会议在北京召开，詹天佑以交通部技监、交通会议副议长的身份主持了这次中国近代史上第一次大型全国性交通会议。

交通会议的议长叫陆梦熊。陆梦熊是清末留日学生，回国后被授予商科进士，一直在邮传部任职。进入民国后，陆梦熊与詹天佑一样，转为交通部官员，他虽然比詹天佑年轻20岁，但一直在北京为官，所以他的职位比詹天佑要高。

这一次交通会议由交通部召集，参加人员除交通部各级官员外，还包括全国铁路、电政、邮政、航政及交通教育领域里的各级管理人员。这次交通会议自12月2日开幕，至26日结束，历时20多天，开会16次，先后通过涉及路、电、邮、航及交通教育部门等多方面决议案130余项。

詹天佑与颜德庆等人以汉粤川铁路总公所的名义提出了《拟请组织全国路线测勘队案》等5项提案，对全国铁路勘测、建筑、运行、航政等诸多方面提出了改进意见，在这次交通会议上讨论通过。会议期间，香港大学为表彰詹天佑在制定铁路工程标准和法规建设方面的开创性工作，授予他法学博士学位。

交通会议经过16次会议,顺利通过各项提案,于当月26日闭幕。詹天佑又亲自致闭幕词,对这次交通会议给予了很高的评价。交通会议一结束,他就让王秘书随颜德庆回汉口,自己赶往天津坐海轮前往香港。

这是詹天佑自1888年从香港坐轮船北上天津从事修铁路近30年后再次回到香港。他一路上感慨颇多,想到这么多年来,时过境迁,自己的努力终于获得了中外各界的认可,心中也感到些许宽慰。

全国交通会议的召开,在社会上产生了广泛的影响。交通部给詹天佑颁发了名誉奖章,同时任命他为交通部铁路技术委员会会长、交通研究会会员、审订铁路法规名誉会员、运输会议会员。

袁世凯去世后,北京的中华民国政府由副总统黎元洪继任总统,段祺瑞出任国务总理兼陆军总长,军政大权一把抓。段祺瑞膨胀的势力与总统黎元洪的权力开始发生冲突。

1917年8月,段祺瑞在美、英、法、日等国的支持下向德国和奥匈帝国宣战,中国正式卷入第一次世界大战。这对詹天佑主持的汉粤川铁路的修筑产生了直接影响。

首先是德国银行的贷款停止拨付,汉宜段铁路几乎陷入了全面停工的状态。德国工程师雷诺担心两国战争会影响自己的安全,向詹天佑提出辞职,他对詹天佑说:“詹工程师,现在贵国已正式向我国宣战了，非常遗憾，我为了自身的安全，必须辞职回国。”

詹天佑对他说：“雷诺先生，虽然我们以往有过争执，但是，你作为一个铁路工程师有必要因为两国的战争而辞职吗？我希望你能慎重考虑这个决定。如果贵国银行的贷款冻结了，汉宜段停工，我们还有别的工作可以做。如果你仅仅是担心自己的安全问题，我觉得这倒没有必要。”

雷诺说：“谢谢您的好意，我还是打算辞职。”

詹天佑说：“如果你还有别的考虑，我尊重你的选择。希望我们后会有期。”

雷诺没有想到詹天佑此时如此友好，他紧紧握住詹天佑的手说：“詹工程师，要是世界上没有战争该多好啊！作为工程师，我们不论来自哪个国家都能友好地合作。”雷诺说的时候，眼角还含着泪花。

詹天佑紧紧地握着他的手说：“多保重。”

中国的宣战其实只是象征性的，对当时国内局势并无太大影响。1917 年 10 月，中华工程师学会在汉口召开第五届年会，詹天佑坚决辞去会长职务的意见未获大会批准，他再一次连任会长。同时，他还受聘担任《交通丛报》报社名誉会长。铁路事业在民国时期的实业建设中仍然占有举足轻重的地位，社会各界对铁路的关注也越来越广泛、深入。

第一次世界大战后期，全世界物价上涨，国家陷入经济困境，对于詹天佑负责的汉粤川铁路来说，经费的困难也是到了非常严重的地步，作为总办兼总工程师的詹天佑，承受着巨大的压力，他甚至还在给自己的好友写信时提到“要另谋职业”的想法。

特别是北京的民国政府，交通部的总长更换频繁，交通部官员走马灯似的换来换去，有些人看到詹天佑在铁路界的威望太高，看到他主持的汉粤川铁路陷入困境，就幸灾乐祸，还放出言论说汉粤川铁路管理混乱，财务不清。

这些人的意思似乎影射詹天佑有营私舞弊之嫌。王秘书把在外面听来的传言气愤地告诉詹天佑后，詹天佑除了认真听着王秘书大发牢骚外，一言不发。他的处境无人能明白。

社会动荡，人心浮躁，使得有些年轻人迷失了人生方向。詹天佑深感对青年人进行教育是有必要的，有时候下到铁路工地现场，听到一些年轻的工程师虚狂的言论，觉得青年人的思想品德教育和人生价值观的匡正是一个需要正视的社会课题。

1918 年初，詹天佑收到《交通丛报》主编袁德宣的约稿，请他专门给年轻的工程师们写篇文章，向年轻人提出一些告诫。詹天佑对这个话题产生了浓厚的兴趣，于是他利用晚上的时间，提笔写了一篇饱含心血的《敬告交通界青年工学家》。

袁德宣收到詹天佑这篇文稿后，大喜过望，立即在《交通类编》的刊物上发表。这篇文章发表后，不仅全国各地的铁

路工程师争相传阅，就是其他领域，如矿山、邮电、电力、水利等诸多领域里的工程师们都争相阅读。后来，中华工程师学会进行了转载，并将文章标题改为《敬告青年工学家》，这篇文章在当时的工程技术领域里产生了非常广泛的影响。

身体状态每况愈下

1918年春节，詹天佑的两个儿子詹文珖和詹文琮从美国留学10年后回到了祖国。詹文珖学的是机械工程专业，由耶鲁大学转往三州学院毕业；詹文琮学的是土木工程专业，毕业于耶鲁大学。

一家人在汉口的家中团聚，最高兴的当然是谭菊珍了，回想10年前送他们二人去美国时，真是有些舍不得，现在两个小伙子已经完成学业回来了，她心里有说不出的快乐。兄弟二人回家的那一天，詹天佑特地在家里摆了一席接风酒，请来颜德庆、王秘书和喀克斯等几位在汉口的同人一起祝贺。

席间，颜德庆对詹天佑说："詹先生，您发表在《交通类编》上的那篇《敬告交通界青年工学家》的文章，我看可以让文珖和文琮也看看。"

王秘书也说："是啊！詹先生那篇文章很多人看了都说很受启发，文珖和文琮兄弟在国外留学那么多年，对国内情况不了解,看了这篇文章,对他们一定有帮助。"

颜德庆又说:"二位公子回国了,您应该会好好安排他们的工作吧。"

詹天佑说:"真是多谢你提起这件事。文珖学的是机械工程,我对这个领域不是很熟。文珖如要找自己所学专业的工作,须自己寻找机会。"

王秘书说:"您当年的留美同学吴仰曾不是国内著名的机械工程师吗?您可以向他推荐文珖呀。"

詹天佑说:"我当然可以写信向吴仰曾推荐,但是说句实在话,我更希望他能自己寻找机会。"

文琮说:"父亲的这个意见很好,我相信哥哥凭他所学的专业和他的能力,一定能找到适合他的工作。不过,我也想自己找,不知父亲是否同意?"

詹天佑说:"当然同意了。"

王秘书说:"詹先生,您是交通部的技监,又是铁路技术委员会的会长,文琮学的是土木工程专业,与您当年学的专业是一样的,他要找工作得先求您才行啊。"

詹天佑说:"我这是最后一关,他实在找不到工作了,我才会考虑帮他。"

文琮说:"父亲,您别说得那么难听好不好,现在我国还没有到留学生找不到事做的时候吧,再说我可是真材实料的耶鲁大学的毕业生。"

文琮的这句话把大家都逗乐了。

颜德庆说："既然文琮兄弟学的是土木工程，我那里正缺工程师，去我那儿吧。"

喀克斯也说："这个主意好，我认为文琮到颜工程师那里做事比较好。文琮学的专业是土木工程，应该从事铁路工作。"

文珖说："文琮真是厉害，这么快就自己找到工作了。父亲，这算不算文琮自己找的？"

詹天佑说："算吧。否则，全国这么多铁路工程师我都认识，总不能因为我认识而不让他找吧。如果我不同意颜工程师用他，那么全国没有哪个工程师会用他的。如果这样，文琮只能去美国找工作了。"

大家都笑了起来。

后来，詹文琮在汉粤川铁路湘鄂路局找了一份差事，詹文珖则另外找了一份机械工程方面的工作。长子和次子的回国，给詹天佑带来很大的安慰。但是，这年秋天，一次寒潮袭来，他突然感到身体与往年大不一样了，特别是肠胃方面明显有许多不适。

有一次在办公室，他连续多次进出厕所，这引起了王秘书的注意。王秘书看到他脸色苍白，以为他是因为工作劳累过度，对他说："詹先生，事情总是做不完的，您还是要注意身体啊！"詹天佑说：

是啊，我也想好好休息，可是现在有很多事情要处理，除了汉粤川铁路的事情外，交通部也转来很多事情。不过，我觉得有些事情还是令人高兴的。比如关于我国东北的中东铁路问题，俄国因为国内发生革命，我国应该想办法争取收回那里的铁路权，我觉得现在应该是一个比较好的机会，但是，令人担心的是英、美、法、日四国竟然插手东北的铁路修筑权。

王秘书说："中国这么大，有那么多铁路，您哪能顾得过来呀？我看您近来身体不是很好，我建议您还是要注意休息。"

接下来几天，詹天佑的肠胃问题越来越严重了，他不得不听从王秘书的意见，到医院治疗。可是令詹天佑没想到的是，由于他长年累月奔波在铁路线上，他的肠胃问题不是一时半会儿积累起来的，而是长时间形成的，所以，吃了医生的药也只能暂时缓解。

而这时的北京城里，北洋政府内部的权力斗争还在暗流涌动，尽管黎元洪已经去职，但是继任总统冯国璋与国务总理段祺瑞的矛盾还在不断激化，最后，冯国璋不得不辞职。后来，由段祺瑞支持的徐世昌经选举当上了中华民国政府的总统。

徐世昌是一个文人，虽属袁世凯的北洋派系，但是没树过什么敌人。他当选总统后，也进行了一次大型的勋章颁奖典礼。在1918年10月10日的国庆日上，徐世昌给对国家建设有贡献的各方面人物颁发奖章，詹天佑因为对全国交通立法和铁路建设方面的贡献，被徐世昌授予二等宝光嘉禾章。

获奖的消息多少给了詹天佑一些安慰，詹天佑因此亲自到北京领奖。同时，他又一次到京绥铁路的现场向邝景阳了解工程进展情况，并对工程问题提出了许多自己的看法。此时，他虽然没有在京绥铁路任职，但是他对京绥铁路的关注一直没有停止，因为这条铁路最初就是由他筹建的。

邝景阳见到詹天佑脸色苍白，特别是了解到他患有顽固的肠胃病后，建议詹天佑到北京郊外的汤山温泉进行一段时期的疗养。詹天佑感到自己的身体问题确实比较严重，便接受了邝景阳的建议，到汤山温泉进行疗养。

但是，在疗养的时候，詹天佑的心一直惦记着卧病在床的妻子。所以，尽管汤山温泉的医生建议他多停留些时日，但他还是提前回到了武汉。

1918 年 11 月 11 日，德国政府代表埃尔茨贝格尔同协约国联军总司令福煦在法国东北部贡比涅森林的雷东德车站签署停战协定，德国投降，第一次世界大战结束。

詹天佑和他的同人们在武汉得到了这个消息后，都感到欢欣鼓舞。在詹天佑看来，战争结束后，世界局势将会稳定，以前签订的借款合同应该可以履行，这几年来，他一直用心推动的汉粤川铁路将会迎来一个新的建设时期。他特地在汉粤川铁路总公所举行了一次庆祝酒会，欢庆协约国的胜利，因为中国是协约国的一方。

拖着病体奉命北上

1919年1月18日，第一次世界大战的战胜国和战败国在巴黎凡尔赛宫召开和平会议。会议标榜通过媾和建立世界永久和平。实际上是英国、法国、美国、意大利等帝国主义战胜国分配战争赃物，重新瓜分世界。中国政府作为战胜国也派出了与会代表。

武汉的初春，乍暖还寒。全世界的目光都集中到了法国的巴黎。听闻巴黎和会将讨论世界和平的新秩序，詹天佑深切感到这对中国来说的确是个机会，特别是会对他亲自主持的汉粤川铁路产生直接影响。

因为不管是当初的四国银行团的借款问题，还是后来德国的赔款冻结问题，这些国家都是参战国，巴黎和会一定会讨论各国的债权、债务问题，他非常希望这次参加巴黎和会的中国代表能把各国在中国的铁路借款问题理顺。

可是，北洋政府交通部传来的消息让詹天佑非常沮丧，不仅汉粤川铁路的借款问题没有提上日程，就连中国东北境内的铁路各个列强也要开始染指。

1919年2月20日,北洋政府正式承认了多国共同监管远东铁路,包括东北境内原属俄国路权的中东铁路,并派中国驻俄公使刘镜人为协约国“监管西伯利亚铁路和中东铁路委员会”的中国委员。

这个委员会下,设有技术部,北洋政府考虑到当时的国际环境,想尽可能地维护国家的利益,认为派往技术部的中国代表一定要是一个有着从事铁路建设的丰富经验与知识,且在国际铁路界享有名望的人,才能让那些列强的专家们信服。徐世昌在选人时,第一个就想到了詹天佑。于是,徐世昌的提名很快得到了通过。

然而,詹天佑本人却极不情愿参加这样的会议。在北洋政府交通总长曹汝霖将这个意图告诉他的时候,詹天佑当即予以推辞,称自己不适合担负这样重要的工作。他不想参加会议的原因,一个是自己不擅长外交,另一个就是自己身体欠佳。

早在3年前,他就曾因为武长段铁路的奔忙而积劳成疾,身体随之垮了下来。后来又感染上了阿米巴性痢疾,即民间所谓的“赤痢”。虽然花了很长时间治好,却已是元气大伤,此时詹天佑的身体可以说是一天不如一天,很难再适应东北的严寒气候。

在此之前,由于长期独自支撑家务,妻子谭菊珍已先他患病在床,儿女们都反对他在这种情况下接受任命到海参崴去。

尽管如此,北洋政府关于詹天佑作为协约国“监管西伯利亚铁路和中东铁路委员会”技术部中国委员的正式任命还是下达了。

当詹天佑接到任命时,他正在汉口的医院看病。于是,他立即回到家中,让家人帮忙准备行李,想带着王秘书一起奔赴东北。

王秘书知道詹天佑的身体近一段时间来一直不好,因而对他说:“詹先生,您的病还未好,现在武汉的天气还是这么寒冷,东北的天气一定更冷,我担心您的身体受不了。”

詹天佑的妻子也拖着病弱的身体对他说:“你都瘦成这样了,能否等天气转暖一些再走呢?”

詹天佑说:“这是政府的命令。再说,中东铁路问题我也一直在关注,现在有机会参与了,我哪有不去之理?至于推迟时间,我看也不可能,因为各国代表都去了,让他们等我总是不合适的。”

妻子与王秘书眼见劝不动詹天佑,就打电话给颜德庆,希望他能阻止詹天佑抱病去东北。颜德庆与詹天佑共事多年,他也知道中东铁路这样的问题也只有詹天佑这样有声望的中国工程师发表意见才能让那些外国工程师信服。因此,他知道詹天佑此行是无法阻止的。

于是,颜德庆建议詹天佑把詹文琮叫来,希望他能陪父亲前往东北。这样,有个贴心的亲人在身边,家人总会放心一些。

詹天佑接受了颜德庆的意见，让王秘书留在武汉处理日常事务，自己带着文琮坐火车北上，同时聘请颜德庆与俞人凤作为自己的助手，一同来到北京。没想到，这一去，竟成了他为铁路、为国事的最后一次操劳了。

詹天佑到达北京后，舟车劳顿，身体越来越吃不消，于是在曹汝霖和徐世昌的照顾下，在北京休息了几日。几日之后，他的身体状况似乎有所好转，他便与詹文琮、颜德庆及俞人凤一同赶往东北的海参崴。

1919 年 2 月 27 日，詹天佑乘火车经由他亲自主持修建的关内外铁路赴海参崴。海参崴原为中国领土，19 世纪后期被沙皇俄国以武力强行从清政府手中割去，现为符拉迪沃斯托克，在俄罗斯境内，是俄罗斯太平洋沿岸最大的海港城市，西伯利亚铁路的终点。协约国“监管西伯利亚铁路和中东铁路委员会”即设在这里。

詹天佑到达后，不顾旅途的疲劳，立即拜会了驻俄公使、委员会中国监管委员刘镜人，听取指示并了解了此前这里的情况，又与技术部部长、美国工程师史蒂文斯等人见面。

有趣的是，史蒂文斯以前虽然和詹天佑没有会过面，但已知道他曾留学美国，是耶鲁大学土木工程系的高才生，多年来主持京张铁路等工程建设，硕果累累，可谓盛名在外。抛开公事不谈，詹天佑和他相处倒是颇为融洽。

后来，海参崴的中方人员给詹天佑等人安排了当地一家高级宾馆，并将与中东铁路有关的材料送到詹天佑手中。于是，詹天佑让詹文琮、颜德庆和俞人凤一起研究这些资料，然后讨论美、英、法、俄、日各国的代表可能提出的问题。詹天佑特别提醒说：

> 现在俄国国内已发生革命，列宁领导的政权还无暇顾及远东，俄方的代表是旧沙俄政府的人，最大的问题在日本这一方。因为美、英、法介入中东铁路，其实有两个目的：一是希望在这里找到制约列宁政府的切入点；二是制约日本在远东地区坐大，以免远东政治力量失衡。但是日本则不同，自甲午一战得逞其对中国的野心后，一直从各方面实质性地从我国谋取利益。
>
> 袁世凯时期，日本竟然借支持袁世凯称帝作为条件，逼袁世凯签订《二十一条》，但是袁世凯看穿了日本人的野心，事实上没有向日本做什么让步，不过还是因为与日本人打交道的原因，被人诟病。再往前，李鸿章也吃了日本人不少亏，还因与日本人签订《马关条约》而被国人骂为卖国贼。所以，你们一定要认真研究日本人可能会持什么态度，提供供我参考的意见。

詹天佑与几位同行人员日夜研究材料。对于这些材料，他是非常熟悉的，所以特别投入，好像他根本没有生病一样。

颜德庆等人却不忍心看着他抱病工作,都建议他稍事休息。但是他说:

> 我们必须在正式开会前把这些材料研究透彻。你们应该也有感觉,近十年来,我国一直倡导实业救国,之所以成效不佳,最大的问题就是受制于铁路交通。列强各国也正是捏准了我国这根软肋,以至于到了现在,作为协约国的战胜国成员,他们还在想办法控制我国的铁路大权。

说来奇怪,也许是工作的热情,或者是某一种精神的力量在起作用,詹天佑到海参崴的初期,身体并没有那么糟糕,反而显得精力十足。

旧病复发而中途南返

1919年3月5日,协约国“监管西伯利亚铁路和中东铁路委员会”在海参崴正式开会。在技术部部长、美国工程师史蒂文斯介绍完中东铁路的现状后,日方工程师与詹天佑同时举手发言。

史蒂文斯是美国著名的工程师,他曾是巴拿马运河的设计者，后受俄国之聘担任远东铁路的总设计师。此次会议，他则是作为美方代表与会。

史蒂文斯对詹天佑在中国铁路工程领域的声望及国际影响非常了解，看到詹天佑很严肃的表情，而且事前也了解到他是抱病与会的，因而请他先讲。

于是，詹天佑站起身，向与会的各国专家点头示意，然后说道：

> 各位，今天，我作为中国工程师在这里发言，大家从不同的国家来到这里，只有我是来自本国的工程师。故而，我与各位的感受是很不一样的。

詹天佑此言一出，全场出奇地安静，因为这些与会的工程师对中国当时的国际地位及詹天佑本人在国际工程技术界的影响之反差都很清楚。因而，对詹天佑的发言都抱有一丝同情。詹天佑说：

> 非常感谢各位长期以来对中国铁路建设事业的关心，有不少人还参与了我国的铁路建设。史蒂文斯先生作为俄方聘请的中东铁路总工程师，对中东铁路的修筑是有贡献的。现在，史蒂文斯先生作为美国的代表和技术部的主任主持这个会议，我想您应该能理解我此时的

心情。

史蒂文斯点点头。詹天佑继续说：

既然今天与会的各位同行都是代表各自的国家在发言，那请允许我表达我内心最真实的意见。关于中东铁路的驻兵权与管理权的问题，我认为，中东铁路原本是中俄合办，而且铁路线主要都在我国境内，现在我国又是战胜国之一，我认为没有理由再由外国驻兵和让国际共管。

日方工程师山原情不自禁地站起来，打断詹天佑的话说：

詹工程师，我不得不遗憾地打断您的话，关于驻兵问题，并不在我们技术部讨论的范围。

詹天佑说：

不管在不在这个讨论范围，我想技术部都应该把我们的观点反映给有关机构。

山原说：

国际共管中东铁路对中国来说并无坏处,而且以中国现在的情况来看,并没有能力接手中东铁路的管理。

詹天佑看着山原说:

山原先生,您应该清楚,您讲这样的话是伤害了中国人民的感情的。尽管现在这里只有我一个中国人,我也不会把您刚才的发言传出会场,但是,我要向您声明,向在场的全体专家声明:中国人有能力、有权力自己管好中东铁路!

说完之后,詹天佑重重地将手在桌子上一捶,全场的气氛一下子紧张起来。与会者分明看到詹天佑蜡黄的嘴唇似乎有些颤抖。史蒂文斯见状,说道:

詹工程师,您的爱国情怀我们在场的每位专家都感受到了。假如我是您的角色,我同样也会坚持您的看法。只是,这个问题不是我们技术部能够解决得了的,但是我会把您的意见向联合监管委员会提出来。

3 月 20 日,由于海参崴的气候非常恶劣,所以技术部移驻哈尔滨。在接下来讨论一些具体的技术问题时,詹天佑则

显得平和了很多,他的有礼有节和绅士风度也给各国专家们留下了很深的印象。

但是,由于列强的反对,加之北洋政府的腐败无能,面对弱肉强食的国际政治大环境,詹天佑的努力同样得不到应有的结果。最终只争得了中国工程师可以被中东铁路雇用这一点权利。

此时正是冬季,气候非常寒冷,詹天佑的健康状况本来就不好,自然更难适应这种寒冷的气候。除此之外,开这种会本身也是一件劳神费力的事。

在前后两个多月的时间里,詹天佑整日都在看资料、做方案、写发言稿。由于疲劳过度,又加上气候严寒、饮食不调,他的身体消瘦得很厉害。同时又经常失眠,有时整夜不能入睡,食欲不振,身体的抵抗力急剧下降,终于导致旧病复发,而且日趋严重。

詹天佑病倒了。但是技术部的会议必须是各国专家到齐后才能开始,詹天佑作为当事国的代表不能与会,会议只能暂停。

史蒂文斯来到詹天佑的病房,看到他脸色苍白,安慰他说:“詹工程师,您的很多意见我们都会认真考虑的。”

詹天佑说:“谢谢。不过,我估计我这次的病一时半会儿难以治好,我自己的身体状况我知道,这几天开会都是强打精神的。我真不想耽误大家开会,也很想把各种事情理清,但看来我是不能完成这个任务了。”

史蒂文斯说：“不会的，您安心休养。关于技术问题的讨论，一时半会儿还难以形成结论，我们还是希望等到您重返会场。”

詹天佑说：“其实我也想过了，如果这次生病不能治好，就准备回武汉去休养一段时期，那里有我的家人，而且那里天气也比这里暖和一些。所以，此次路经北京时，我可能会向我国政府请求派另外一人前来谈判。”

史蒂文斯说：“当然，就我本人而言，我是希望您能重返会场，我也有这个耐心等您回来。但是如果您真是推荐他人替代的话，我们一定会把您这些天来表达的意见清晰地报告联合监管委员会。”

詹天佑握了握史蒂文斯的手说：“真是多谢了！”

詹天佑的意见事实上是起了很大作用的。4 月 14 日，联合监管委员会正式决定，中东铁路的护路权属于中国，从而制止了日本希望派兵护路的野心。同时，联合监管委员会也同意中国人有权参与中东铁路的管理。

后来，在实在坚持不了的情况下，詹天佑只好向刘镜人说明情况，并向交通部打报告请求回南方治疗。同时，他还将有关事项向一同来的颜德庆、俞人凤等人作了交代，希望他们尽快将自己的工作顶起来。

“看来这一次我是不能坚持到底了。”一脸病容、神色憔悴的詹天佑苦笑着对老部属们说，“诸位好自为之吧！”

望着詹天佑那一下子变得苍老许多的瘦削的面容，颜德庆和俞人凤的眼睛湿润了。他们自从修筑京张铁路时跟随詹天佑搞勘察、搞设计，这么多年以来，从没有见到他有不能坚持的时候。现在听到如此话语，可见他病势之沉重。

颜德庆和俞人凤强忍内心的痛苦安慰老上级，说：“吉人自有天相！没事的，您就放心地回去调养吧，争取早日康复，早日回来还领着我们干。”

詹天佑摇了摇头，他最清楚自己的身体，他感到很累很累，需要彻底的休息。说实在的，对于还能不能回来继续参加这里的会议，他内心一点儿把握都没有。但是怕影响大家的情绪，他没有深入谈自己的病情，而是将有关材料详详细细地向他们解说，并细致地交代工作方式：“诸位这阶段多辛苦一点儿，技术业务方面盯紧，该争的一定要争。尽力而为，别让国家吃大亏。”

詹天佑停了一下，又叮嘱一句：“当然，话不妨说得策略一点儿，学一点儿外交语言。这方面多向刘大人请示，人家是外交家，许多事情比咱们懂得多。”

1919 年 4 月 15 日，詹天佑在接到交通部批准他回关内治病的通知后，即告别了朝夕相处的部属和朋友，告别了刘镜人公使，当然，他也没有忘记去和出席会议的各国同行及史蒂文斯等人道别，在众人善意的祝福声中登上了南下的列车。

在仁济医院与世长辞

离开哈尔滨时,詹天佑坐在火车的窗口,望着前来送行的同人,尽管身体实在难受,他还是艰难地露出笑容,向大家挥手致意。站台上的人们都以为詹天佑病好后还会回来,根本不会想到,此次一别,竟成永诀。但是詹天佑自己却似乎有着一种无限的落寞和惆怅。

列车从哈尔滨火车站徐徐启动,之后飞奔在东北的平原上,迅速地进入山海关。詹天佑望着窗外无限的北国早春景色,心中涌起无限感慨,思绪翻滚。

他想起了当初在这条铁路上自己和同人们忙碌的情景,想起了激流冲击的滦河河口,想起了从俄国人手中接过关内外铁路时的一片凄凉,想起了邝景阳,想起了最初与他共同勘测京张铁路的两位年轻人,想起了金达,想起了袁世凯,甚至还想起了慈禧和光绪……无限往事,涌上心头。

詹天佑的一生都是在忙碌中度过的,他从来没有时间像这天这样可以静静地回想过去。但是很奇怪,他想控制自己的情绪,想停止回想,可怎么也控制不住。那些与铁路有关的人和事,如一幅幅图画,在他脑海中一张又一张地闪过。

在路经北京时,詹天佑作了短暂停留,到总统府拜见了大

总统徐世昌，将在哈尔滨谈判的情况向徐世昌作了汇报。在中华工程师学会的办公室，邝景阳特地从京绥铁路局赶来看望他，詹天佑听邝景阳说京绥铁路展筑顺利后，感到很安慰。

1919 年 4 月 20 日，詹天佑乘车回到汉口。在此之前，汉粤川铁路总公所及湘鄂铁路局都已得到了詹天佑在哈尔滨开会期间患病即将南返的消息。

詹天佑乘坐的列车进站后，除了在汉口的次子文琮以外，汉粤川铁路会办周炳蔚和詹天佑的老友吴希曾等数十名同人也前来迎接他，大家纷纷提出派人照顾他的想法，但都被詹天佑谢绝了。

詹天佑刚一回家就联系附近的仁济医院，他知道自己这一次患病非同寻常，必须尽早住院治疗。仁济医院是一家教会慈善医院，在汉口还颇有名气，当晚詹天佑就住进了仁济医院的高级病房。

一年前折磨过詹天佑的阿米巴性痢疾，这一次又发作了。这种病的最大特征就是要命地腹泻，并且夹带脓血，所以又称“赤痢”。这种病现代人听起来不足为奇，不像癌症那样令人恐惧，因为医学界早就有了根治的办法，而且事实上在许多地方已经绝迹了，但是在詹天佑生活的年代，这却是非常棘手的病症，很难有效地治疗，死亡率特别高。

詹天佑一年以前患上这种病，经过医院多方组织力量，运用当时所能运用的最为先进的医疗手段进行救治，最终起死回生，原是极其偶然的事。这一次，海参崴和哈尔滨的恶劣气候，加上繁重的工作，极大地损害了詹天佑的健康，削弱了他原本勉强的身体抵抗力。

可恶的“赤痢”再度肆虐，而复发症状自然加倍棘手，使得许多良医对此束手无策。詹天佑目前正是这种状况。尽管仁济医院从院长到普通医护人员都对身为汉粤川铁路督办的詹天佑尽心尽力，但始终难见好转，詹天佑的恶性腹泻一直未能得以缓解，这也是他的状况一天不如一天的重要原因。

詹天佑的病情引起了多方的关注。汉粤川铁路总公所及湘鄂铁路局乃至北京交通部同人为此到处奔波，仁济医院也联系聘请了许多名医来会诊，但终因病势严重，医生回天乏术，只能眼睁睁看着一代著名的铁路工程师的生命日渐衰竭。

1919 年 4 月 24 日，凌晨 3 时，江城武汉笼罩在静静的夜幕中，夜风让人感到有些清冷。汉口仁济医院，正处在弥留之际的詹天佑床边环立着五男二女，那是他的孩子们。两个女儿已经哭成了泪人，男孩们则眼含泪花，最小的孩子文裕只有 12 岁。

医院院长来了，医生、护士来了。詹天佑让长子文珖述录完给当时民国政府大总统的《遗呈》，已不能言，病房里静得令人发慌。詹天佑注视着文珖，文珖会意后，将《遗呈》念给他听，内容为：

呈为宣力未尽,病势垂危,伏枕哀鸣,仰祈钧鉴事:

窃天佑粤东下士,知识庸愚,由官学生派赴美国,考入耶鲁大学。回国后,历任各职,竭力尽命,驰驱于路务之中。炬早岁奔劳,习焉罔觉;今年以后,精力渐非。自去秋感染时邪,兼患腹疾,淹缠数月,气体大亏。只以时局多艰,职任綦重,未敢率请卸肩。

本年正月,复奉命赴东会议协约国管理俄路事宜,更不敢以病躯自褥。讵在崴、哈两月,病益加剧,形销骨立,眠食失常,不得已暂行回汉就医。乃二十日抵汉后,益复不能支持,经延中西医士,按方服药,无如腠理已伤,膏肓莫救,当于二十三夕,函呈交通部,请开去督办差使。

二十四日清晨,愈增喘汗,气息仅延,不能转侧。自知属纩即在瞬息,无复生机。年届六旬,死亦无憾,所恨生平之志未及尽舒,委任之事,尚虚报称。是则小鸟将死,犹有哀音,残灯已灰,尚余返焰,窃所耿耿者有三:

一、中华工程师学会被举谬充会长,曾上书请提倡奖励。窃谓工程师学会影响于中华实业至要且宏。兴国阜民,悉基于此,仍恳不弃,有以振奋而发扬之。

二、管理俄路一役代表之职,亟宜慎选通才,其甄用技术人员,尤应精求上驷,并设法尤加鼓励,以期与协约国各员,骖勒而镳扬,庶足内扬国光,外杜口实,其详细理由,已呈之交通部,倘采及刍荛,实于东事裨益匪细。

三、汉川路事，往年曾有就款计工之条陈，盖来款既艰，不得不先筹脚踏实地之策。所幸武昌长沙一路，业已通道开车，得寸得尺，惟力是视，第衡郴以上，限于款涸，猝难企图。近者，银行团之英、法、美三国要求取消德人权利，允再接济工需，正宜乘此机会，速定计划，以促进行。否则中道而止，坐视大利之抛荒，绾毂中枢，终成隔绝，商政国计，均非所宜，尚祈加意垂注。

天佑毕生致力于工学，仅就本职之范围，而言以上三端，倘赐之采纳，得尽天佑未了之血忱，虽死之日，犹生之年。至天佑生性钝拙，从事路工始终垂三十年，只知报国，从不敢殖产营私，平日训诫子弟，一仍以工学为目的。

长子文珖留学美国三州学院机械科毕业，次子文琮留学美国耶鲁大学土木科毕业，当谆饬其固穷继志，他日为国效忠。自余三子二女尚幼，门衰祚薄，宗党萧然，穷达通塞，则视其后来立志如何，不敢以私恩渎请。

所有天佑现管督办汉粤川铁路事宜及交通部技监员缺，应请饬部遴员，呈请接替。天佑视息渐忘，语言无次，谨口授遗呈，命职子文珖缮录以进。

詹天佑听完，点点头，扫视了一眼病房里所有的人，他示意最小的文裕靠近他，然后用手在床单上写着什么。文裕看了好久，没有看懂是什么意思，抬头向身后的大哥求助。文珖附身过去，可以认出父亲写的是英文字母，但还是拼不出来是什么意思。

詹天佑已耗尽了最后一点儿力气，手指停在了床单上。一时间，医院的院长和医生、护士们掩面而泣。詹天佑的两个女儿发疯似的趴在床边放声大哭，拼命地喊着："父亲！父亲！"男孩们也都失去了控制，眼泪如决堤的洪水一样往外涌，"父亲！父亲！"孩子们的呼喊声穿透了夜空，唤醒着黎明。

1919年4月24日凌晨3时30分，中国近代最杰出的铁路工程师詹天佑在汉口与世长辞，享年仅58周岁。

詹天佑逝世的不幸消息，震动了社会各界乃至国际舆论。美国驻华特命全权公使芮恩施专门发来唁电，其中这样称道：

> 吾人对于詹博士的噩耗感到无比惊愕。詹博士对建设中国铁路卓越的贡献和高超的人格，全体美国人都给予最高的敬仰。

协约国"监管西伯利亚铁路和中东铁路委员会"技术部部长史蒂文斯得知詹天佑因病逝世的消息后心情也很沉重。他们各自的位置不同，所负的使命也不同，追求的利益更不同，在两个多月的会议中，有过不少分歧甚至争执，但史蒂文斯对詹天佑的学识才干一直是很钦佩的。他在致北洋政府和詹天佑家属的唁电中说：

> 本人与詹博士见面前，久仰其名。在协约国监管委员会短暂共事期间，他对事件的敏捷分析及周详考虑，给予本人以极深的印象。他虽然沉默坚毅，却是果断的。我们都非常尊重他的意见。大家都看到，他对铁路工程有着高深的造诣，他的判断是非常有说服力的。尤其重要的是，他是一位君子，与他共事，深感愉快。他的去世，是吾等同人的损失，更是中国的一大损失。

中华工程师学会、汉粤川铁路总公所及湘鄂铁路局同人及詹天佑的留美同学，都以不同的方式表达了震惊和哀悼之意。24日下午，詹天佑的遗体自仁济医院运回詹宅入殓。出殡前一天，武汉各界举行公祭，为祖国失掉一位优秀的科学家，为19世纪和20世纪之交的中国科技巨星陨落而惋惜。

正式出殡定在5月14日。这一天清晨，乌云密布，天幕低垂。自詹宅到汉阳的广东山庄路上，白幡招展，哀乐呜咽。在詹天佑子女等人的护送下，詹天佑的灵柩缓缓地被移出了宅门。

武汉各界都派代表参加送丧，吴希曾、邝景阳等朋友和同窗亲为执绋。当天下午，灵柩暂厝于广东山庄，等适当的时候运往北京正式安葬。这也是遵照詹天佑的遗愿，他死在汉粤

川铁路建设的岗位上,而最终愿望却是长眠在北京。

那里紧靠他洒过辛勤汗水创建辉煌事业的京张铁路,还有中途被迫搁置的京绥铁路,他要永久地守在那里。两年后,也就是1921年,文耀、文琮等人将他们父亲的灵柩护送到北京,葬于北京西郊海淀万泉庄小南庄村,实现了詹天佑的最终心愿。从此,这一伟大的铁路工程师,即长眠于此。